SHOQËRI I KUZINËS SË TË DHËSHIRËVE TË LIMONIT

100 receta të freskëta dhe me shije për të ndriçuar repertorin tuaj të kuzhinës

Luljana Plaku

Materiali për të drejtat e autorit ©2024

Të gjitha të drejtat e rezervuara

Asnjë pjesë e këtij libri nuk mund të përdoret ose transmetohet në çfarëdo forme apo mjeti pa pëlqimin e duhur me shkrim të botuesit dhe pronarit të së drejtës së autorit, përveç citimeve të shkurtra të përdorura në një përmbledhje. Ky libër nuk duhet të konsiderohet si zëvendësim i këshillave mjekësore, ligjore ose të tjera profesionale.

TABELA E PËRMBAJTJES

TABELA E PËRMBAJTJES..3
PREZANTIMI..7
MËNGJESI..8
1. Donuts limoni me fëstëkë..9
2. Kifle me kokos me limon...12
3. Scones boronicë-limon...14
4. Kupa me limon Macadamia...17
5. Kifle angleze me trumzë me limon................................19
6. Tërshërë qumështor me limon me boronica.........................22
7. Waffles me boronicë dhe lëkurë limoni...........................24
8. Kroasantë me limon me boronica..................................27
9. Çaj me nenexhik limoni..29
10. Buzë djathi limoni...31
11. Kifle me limon...34
MEZHET DHE SNACKS..37
12. Churros me limon...38
13. Kafshimet e gjevrekut Jalapeño me limon........................41
14. Bare limoni..44
15. Crakera me limon...47
16. Patate të skuqura pite piper limoni............................50
17. Tortë me gjizë me limon..52
18. Limon Verbena Madeleines.......................................55
19. Brownies me limon..59
20. Mini bare limoni...61
21. Tartufi me limonadë..64
ËSHTIRËS...67
22. Makarona me Glaze Pasqyre me Limon.............................68
23. Pistachio Lemon Éclairs..73
24. Tortë goji, fëstëk dhe limon...................................79
25. Byrek me beze-fistik me limon..................................82
26. Tortë me mus me luleshtrydhe me limon..........................86
27. Mus arra qershie limoni..90

28. Torte me akull limoni me salce raven..................93
29. Pudingu me re me limon-raven..................97
30. Byrek tofu me limon me raven..................100
31. Sherbeti i limonit..................102
32. Mini Tartlets Limon..................104
33. Parfetë me byrekë me beze limoni..................107
34. Limon dhe livando flan..................109
35. Limon Zabaglione..................112
36. Tortë me limon Meyer me kokë poshtë..................114
37. Pots limoni de krem..................118
38. Makarona franceze me limon..................121
39. Tortë brulée me limon..................125
40. Lemon Ice Brulée me karamele me gjalpë..................128
41. Xhelato me gjizë limoni..................131
42. Tortë me limon me huall mjalti..................133
43. Mus gjizë limoni..................136
44. Semifredo me limon..................138
45. Sanduiçe me akullore me limon..................140
GLAZE DHE BRIME..................143
46. Glaze limoni..................144
47. Glaze me limonadë me mjedër..................146
48. Frosting me gjalpë limoni..................148
49. Frosting me farat e lulekuqes së limonit..................150
LIMONADA..................152
50. Limonadë klasike e shtrydhur e freskët..................153
51. Limonadë me grejpfrut rozë..................155
52. Mimoza me limonadë me mjedër..................157
53. Spritzer me limonadë luleshtrydhe..................159
54. Limonadë me fruta dragoi..................161
55. Limonadë Kivi..................163
56. Limonadë me kefir me mjedër..................165
57. Limonadë me mjedër dhe kopër..................167
58. Limonadë me kumbulla..................169
59. Limonadë me shegë..................172
60. Limonadë qershie..................174

61. Limonadë me boronica..176
62. Limonadë me gaz me lëng dardhe me gjemba............178
63. Limonadë me rrush të zi...180
64. Limonadë Lychee..182
65. Limonada me mollë dhe kale e...................................184
66. Limonadë raven..186
67. Limonadë me rrepkë...188
68. Kënaqësi me limonadë me kastravec.........................190
69. Limonadë me lakër mente..192
70. Limonadë panxhar..194
71. Limonadë me bizele flutur..197
72. Limonadë livando...199
73. Limonadë me ujë trëndafili...201
74. livando dhe kokosi..203
75. Limonadë jargavan e freskët e..................................206
76. Limonadë Hibiscus...208
77. Limonadë borziloku..211
78. Limonadë cilantro...213
79. Limonadë e mbushur me borage...............................215
80. Limonadë Verbena me Limon....................................217
81. Limonadë rozmarine...219
82. Limonadë me bar limoni...221
83. Limonadë borziloku Hibiscus.....................................223
84. Limonadë myshku deti..225
85. Spirulina L emonade..227
86. Limonadë e mbushur me alga deti.............................229
87. Limonadë Chlorella..231
88. Limonadë me çaj jeshil Matcha..................................233
89. Limonadë me kafe të ftohtë..235
90. Limonadë Earl Grey...238
91. Limonadë me çaj të zi pjeshke..................................240
92. Limonadë me mjedër Chai...242
93. Limonadë Kombucha..244
94. Limonadë me mollë me erëza....................................246
95. Limonadë me shafran të Indisë..................................248

96. Limonadë Masala 250
97. Limonadë me erëza Chai 252
98. Limonadë me salcë të nxehtë 255
99. Limonadë me erëza indiane 257
100. Pika limoni livando 260
PËRFUNDIM 262

PREZANTIMI

Mirë se vini në "SHOQËRI I KUZINËS SË TË DHËSHIRËVE TË LIMONIT", një udhëtim plot gjallëri në botën e limonëve dhe ndikimin e tyre të jashtëzakonshëm në artet e kuzhinës. Limonët, me aromën e tyre të ndritshme dhe gjallëruese, kanë fituar një vend të veçantë në zemrat e kuzhinierëve dhe kuzhinierëve të shtëpisë anembanë globit. Në këtë libër gatimi, ju ftojmë të eksploroni shkathtësinë dhe gjallërinë e limonit përmes një koleksioni prej 100 recetash të freskëta dhe me shije.

Udhëtimi ynë nëpër peizazhin e mbushur me limon do t'ju prezantojë me magjinë e këtij superylli të agrumeve. Pavarësisht nëse jeni një kuzhinier me përvojë ose një rishtar në kuzhinë, ky libër është udhëzuesi juaj për të përfshirë në krijimet tuaja të kuzhinës cilësinë e mprehtë dhe agrume të limonit. Nga mezetë te ëmbëlsirat, nga të kripurat te ato të ëmbla, do të zbuloni mundësitë e pafundme që ofrojnë limonët për të ndriçuar dhe ngritur pjatat tuaja.

Ndërsa nisemi në këtë aventurë të mbushur me agrume, përgatituni të zhbllokoni sekretet e gatimit me limon dhe lërini disponimin e tyre me diell të transformojë vaktet tuaja. Pra, kapni përparësen tuaj, mprehni thikat tuaja dhe bashkohuni me ne për të ndriçuar repertorin tuaj të kuzhinës me "Shoqëruesin e kuzhinës së dashamirëve të limonit".

MËNGJESI

1. Donuts limoni me fëstëkë

PËRBËRËSIT:
PËR KROMAT:
- Sprej gatimi që nuk ngjit
- ½ filxhan sheqer të grimcuar
- Lëkura e grirë dhe lëngu i 1 limoni
- 1 ½ filxhan miell për të gjitha përdorimet
- ¾ lugë çaji pluhur pjekjeje
- ¼ lugë çaji sodë buke
- ¼ lugë çaji kripë
- ⅓ filxhan dhallë
- ⅓ filxhan qumësht të plotë
- 6 lugë gjelle. gjalpë pa kripë, në temperaturë ambienti
- 1 vezë
- 2 lugë çaji ekstrakt vanilje

PËR GLAZURËN
- ½ filxhan kos të thjeshtë grek
- Lëkura e grirë e 1 limoni
- ¼ lugë çaji kripë
- 1 filxhan sheqer ëmbëlsirash
- ½ filxhan fëstëkë të thekur, të copëtuar

UDHËZIME :

a) Për të bërë donutat, ngrohni një furrë në 375°F.

b) Lyejini pusetat e një tave për donut me llak gatimi që nuk ngjit.

c) Në një tas të vogël bashkojmë sheqerin e grirë dhe lëkurën e limonit. Duke përdorur majat e gishtave, fërkojeni lëkurën me sheqer. Në një enë tjetër, përzieni miellin, pluhurin për pjekje, sodën e bukës dhe kripën. Në një filxhan matëse, përzieni së bashku dhallën, qumështin e plotë dhe lëngun e limonit.

d) Në tasin e një mikseri të pajisur me shtojcën e lopatës, rrihni së bashku përzierjen e sheqerit dhe gjalpit me shpejtësi mesatare derisa të bëhen të lehta dhe me gëzof, rreth 2 minuta. Fërkoni anët e tasit. Shtoni vezën dhe vaniljen dhe i rrahim në shpejtësi mesatare derisa të bashkohen për rreth 1 minutë.

e) Me shpejtësi të ulët, shtoni përzierjen e miellit në 3 shtesa, duke alternuar me përzierjen e qumështit dhe duke filluar dhe duke përfunduar me miellin. Rrihni çdo shtesë derisa të përzihet.

f) Hidhni 2 lugë. brumë në çdo pus të përgatitur. Piqeni, duke e rrotulluar tavën 180 gradë në gjysmë të rrugës së pjekjes, derisa një kruese dhëmbësh e futur në krofësh të dalë e pastër, rreth 10 minuta. Lërini të ftohen në tigan në një raft ftohës për 5 minuta, më pas përmbysni donutët në raft dhe lërini të ftohen plotësisht. Ndërkohë, lani dhe thani tavën dhe përsërisni të piqni brumin e mbetur.

g) Për të bërë glazurën, në një tas përzieni jogurtin, lëkurën e limonit dhe kripën.

h) Shtoni sheqerin e ëmbëlsirave dhe përzieni derisa të jetë e qetë dhe e përzier mirë.

i) Lyejini krofanët, nga ana e sipërme poshtë, në glazurë, spërkatini me fëstëkët dhe shërbejini.

2. Kifle me kokos me limon

PËRBËRËSIT:
- 1 ¼ filxhan miell bajame
- 1 filxhan kokos të grirë pa sheqer
- 2 luge miell kokosi
- ½ lugë çaji sodë buke
- ½ lugë çaji pluhur pjekjeje
- ¼ lugë çaji kripë
- ¼ filxhan mjaltë
- Lëng dhe lëvore nga 1 limon
- ¼ filxhan qumësht kokosi me yndyrë të plotë
- 3 vezë, të tundura
- 3 lugë vaj kokosi
- 1 lugë çaji ekstrakt vanilje

UDHËZIME:
a) Sillni nxehtësinë e furrës tuaj në 350 f. Në një tas të vogël, përzieni të gjithë përbërësit e lagësht.

b) Në një tas mesatar, bashkoni të gjithë përbërësit e thatë.

c) Tani derdhni përbërësit e lagësht në tasin e përbërësve të thatë dhe përzieni në një brumë.

d) Lëreni brumin tuaj të qëndrojë për disa minuta dhe më pas përzieni përsëri. Tani lyeni me yndyrë një tepsi për kifle dhe mbushni secilën prej rreth dy të tretat e rrugës. E vendosim në furrë dhe e pjekim për rreth 20 minuta.

e) Provoni gatishmërinë e kifleve duke futur një kruese dhëmbësh në qendër dhe nëse del e pastër, kjo do të thotë se jeni gati të shkoni. Hiqeni nga furra, lëreni të ftohet për një minutë të freskët dhe shërbejeni!

3.Scones boronicë-limon

PËRBËRËSIT:
- 2 gota miell për të gjitha përdorimet
- 1 lugë gjelle pluhur pjekjeje
- 2 lugë çaji sheqer
- 1 lugë çaji kripë kosher
- 2 ons vaj kokosi të rafinuar
- 1 filxhan boronica të freskëta
- ¼ ons lëvore limoni
- 8 ons qumësht kokosi

UDHËZIME:
a) Përzieni vajin e kokosit me kripë, sheqer, pluhur pjekjeje dhe miell në një përpunues ushqimi.
b) Transferoni këtë përzierje të miellit në një tas për përzierje.
c) Tani shtoni qumështin e kokosit dhe lëkurën e limonit në përzierjen e miellit, më pas përzieni mirë.
d) Palosni boronica dhe përzieni mirë brumin e përgatitur derisa të jetë homogjen.
e) Përhapeni këtë brumë boronicë në një rreth 7 inç dhe vendoseni në një tavë.
f) E vendosim në frigorifer brumin e boronicës për 15 minuta, më pas e ndajmë në 6 feta.
g) Shtroni pjatën e fërkimit me një fletë pergamene.
h) Vendosni pykat e boronicës në pjatën e shtruar me rreshtim.
i) Transferoni kapakët në furrën e fryerës me ajër dhe mbyllni derën.
j) Zgjidhni modalitetin "Pjekje" duke rrotulluar çelësin.
k) Shtypni butonin TIME/FELAT dhe ndryshoni vlerën në 25 minuta.

l) Shtypni butonin TEMP/SHADE dhe ndryshoni vlerën në 400 °F.
m) Shtypni Start/Stop për të filluar gatimin.
n) Shërbejeni të freskët.

4. Kupa me limon Macadamia

PËRBËRËSIT:

- ½ filxhan gjalpë kokosi
- ½ filxhan arra Macadamia
- ½ filxhan gjalpë kakao
- ¼ filxhan vaj kokosi
- ¼ filxhan Swerve, pluhur
- 1 lugë gjelle lëvore limoni, e grirë imët
- 1 lugë çaji pluhur Moringa

UDHËZIME:

a) Filloni duke pulsuar të gjithë përbërësit tuaj, përveç lëvozhgës së limonit dhe Moringës, në një procesor ushqimi për një minutë për t'i kombinuar të gjithë.

b) Përzierjen e ndajmë në dy enë. Duhet të përgjysmohet sa më shumë që të jetë e mundur para se të ndahet në gjysmë.

c) Pluhuri Moringa duhet të vendoset në një tas të veçantë. Në një pjatë të veçantë, kombinoni lëkurën e limonit dhe përbërësit e tjerë.

d) Përgatitni 10 mini gota për kifle duke i mbushur përgjysmë me përzierjen e Moringës dhe më pas duke i mbushur me një lugë e gjysmë të përzierjes së limonit. Le menjane. Sigurohuni që të ketë qëndruar në frigorifer për të paktën një orë përpara se ta shërbeni.

5. Kifle angleze me trumzë me limon

PËRBËRËSIT:
- Miell misri, për pluhurosje
- 1 luge gjelle lekure limoni
- 2 lugë sheqer të grimcuar
- 1 ½ filxhan miell gruri të bardhë
- 1 ½ filxhan miell për të gjitha përdorimet
- 1 lugë gjelle trumzë e freskët e grirë
- 1 ½ lugë çaji kripë
- ¼ lugë çaji sodë buke
- 1 lugë maja aktive e thatë
- 1 filxhan qumësht bajamesh të thjeshtë pa sheqer (ose qumësht sipas dëshirës), të ngrohur në 120 deri në 130°F
- ⅓ filxhan ujë, i ngrohur në 120 deri në 130°F
- 2 luge vaj ulliri

UDHËZIME:

a) Në një tas përziejini lëvoren e limonit dhe sheqerin e grirë. I përziejmë derisa të bashkohen mirë. Ky hap ndihmon në çlirimin e aromës së limonit në sheqer.

b) Në një tas të madh përzierjeje, përzieni së bashku miellin e bardhë të grurit të plotë, miellin për të gjitha përdorimet, trumzën e freskët të grirë, kripën dhe sodën e bukës.

c) Spërkateni majanë e thatë aktive mbi përzierjen e qumështit të ngrohtë të bajames dhe ujit. Lëreni të qëndrojë për rreth 5 minuta derisa të bëhet shkumë.

d) Hedhim masën e majave në tasin me përzierjen e miellit dhe shtojmë përzierjen e sheqerit me limon dhe vajin e ullirit gjithashtu. Përziejini gjithçka derisa të formohet një brumë.

e) E hedhim brumin në një sipërfaqe të lyer me miell dhe e gatuajmë për rreth 5 minuta derisa të bëhet e lëmuar dhe elastike.

f) E vendosim përsëri brumin në tasin e përzierjes, e mbulojmë me një peshqir të pastër kuzhine dhe e lëmë të vijë në një vend të ngrohtë për rreth 1 orë ose derisa të dyfishohet në masë.

g) Pasi brumi të ketë ardhur, e shpojmë me grusht dhe e hedhim sërish në një sipërfaqe të lyer me miell. Hapeni atë në një trashësi rreth $\frac{1}{2}$ inç.

h) Përdorni një prestar të rrumbullakët ose buzën e një gote për të prerë rrumbullakët e kifleve angleze. Ju duhet të merrni rreth 12 raunde.

i) Plurosni një tepsi me miell misri dhe vendosni rrumbullakët e kifleve mbi të. Spërkatni majat me miell misri shtesë. I mbulojmë me një peshqir kuzhine dhe i lëmë të pushojnë për rreth 20-30 minuta.

j) Ngroheni një tigan ose një tigan të madh mbi nxehtësinë mesatare. Gatuani kiflet për rreth 5-7 minuta nga secila anë, ose derisa të marrin ngjyrë kafe të artë dhe të gatuhen.

k) Pasi të jenë gatuar, lërini kiflet të ftohen pak para se t'i ndajmë me pirun dhe t'i skuqim.

l) Shërbejini kiflet angleze me trumzë limoni të përgatitura në shtëpi të ngrohta me lyerjet ose mbushjet tuaja të preferuara. Kënaquni!

6. Tërshërë qumështor me limon me boronica

PËRBËRËSIT:
- $\frac{1}{4}$ filxhan kos grek pa yndyrë
- 2 lugë kos boronicë
- $\frac{1}{4}$ filxhan boronica
- 1 lugë çaji lëkure limoni të grirë
- 1 lugë çaji mjaltë

UDHËZIME:
a) Kombinoni tërshërën dhe qumështin në një kavanoz prej 16 ons; sipër me mbushjet e dëshiruara.

b) Vendoseni në frigorifer brenda natës ose deri në 3 ditë; shërbejeni të ftohtë.

7. Waffles me boronicë dhe lëkurë limoni

PËRBËRËSIT:
- 2 gota miell për të gjitha përdorimet
- 2 lugë sheqer të grimcuar
- 1 lugë gjelle pluhur pjekjeje
- ½ lugë çaji kripë
- Lëkura e 1 limoni
- 2 vezë të mëdha
- 1¾ filxhan qumësht
- ⅓ filxhan gjalpë pa kripë, i shkrirë
- 1 lugë çaji ekstrakt vanilje
- 1 filxhan boronica të freskëta

UDHËZIME:
a) Ngrohni paraprakisht hekurin tuaj për vafle sipas udhëzimeve të prodhuesit.
b) Në një tas të madh përziejini së bashku miellin, sheqerin, pluhurin për pjekje, kripën dhe lëkurën e limonit.
c) Në një enë të veçantë rrihni vezët. Shtoni qumështin, gjalpin e shkrirë dhe ekstraktin e vaniljes. Rrihni derisa të kombinohen mirë.
d) Hidhni përbërësit e lagësht në përbërësit e thatë dhe përzieni derisa të kombinohen. Mos e teproni; disa gunga janë mirë.
e) Palosni butësisht boronicat e freskëta në brumë.
f) Lyejeni lehtë hekurin e vaflës me llak gatimi ose lyejeni me gjalpë të shkrirë.
g) Hidheni brumin mbi hekurin e vafles të nxehur më parë, duke përdorur sasinë e rekomanduar sipas madhësisë së hekurit tuaj të vaflës.
h) Mbyllni kapakun dhe gatuajeni derisa vaflet të marrin ngjyrë kafe të artë dhe të freskët.

i) Hiqni me kujdes vaflet nga hekuri dhe vendosini në një raft teli që të ftohen pak.

j) Përsëriteni procesin me brumin e mbetur derisa të gjitha vaflet të jenë gatuar.

k) Shërbejini vaflet e boronicës dhe lëvozhgës së limonit të ngrohta me boronica shtesë të freskëta, pluhur sheqeri pluhur, pak shurup panje ose pak krem pana.

8. Kroasantë me limon me boronica

PËRBËRËSIT:
- Brumë bazë kruasani
- ½ filxhan boronica
- 2 lugë sheqer të grimcuar
- 1 lugë gjelle niseshte misri
- 1 luge gjelle lekure limoni
- 1 vezë e rrahur me 1 lugë gjelle ujë

UDHËZIME:
a) Hapeni brumin e brioshit në një drejtkëndësh të madh.

b) Në një tas të vogël, përzieni boronicat, sheqerin, niseshtën e misrit dhe lëkurën e limonit.

c) Përhapeni masën e boronicës në mënyrë të barabartë mbi sipërfaqen e brumit.

d) Pritini brumin në trekëndësha.

e) Rrokullisni çdo trekëndësh në një formë briosh.

f) I vendosim brioshët në një tepsi të shtruar, i lyejmë me vezë dhe i lëmë të ngrihen për 1 orë.

g) Ngrohni furrën në 400°F (200°C) dhe piqini brioshët për 20-25 minuta derisa të marrin ngjyrë kafe të artë.

9. Çaj me nenexhik limoni

PËRBËRËSIT:

- 1½ filxhan ujë të vluar
- 3 lugë çaji çaj të menjëhershëm
- 6 degë nenexhik
- 1 gotë ujë të vluar
- 1 filxhan Sheqer
- ½ filxhan lëng limoni

UDHËZIME:

a) Kombinoni 1-½ filxhan ujë të vluar, çaj të menjëhershëm dhe nenexhik.

b) S tep, mbuluar, për 15 minuta.

c) Kombinoni 1 filxhan ujë të valë, sheqerin dhe lëngun e limonit.

d) Masën e dytë e përziejmë me masën e nenexhikut pasi e kullojmë.

e) Shtoni 4 gota ujë të ftohtë.

10. Buzë djathi limoni

PËRBËRËSIT:
BRUMA
- 1 gotë ujë
- ¼ filxhan sheqer
- 1 vezë e madhe e rrahur mirë
- 2 lugë gjelle gjalpë
- ¾ lugë çaji kripë
- 4 gota miell buke
- 1 lugë gjelle qumësht të thatë
- 1½ lugë çaji maja e thatë aktive

MBUSHJE
- 1 filxhan djathë rikota, pjesërisht qumësht i skremuar
- ¼ filxhan lëng limoni (nga 1 limon)
- ¼ filxhan sheqer
- ¼ lugë çaji lëvore limoni (nga 1 limon)

KËSHILLA
- ½ filxhan sheqer ëmbëlsirash
- 1 lugë çaji lëng limoni
- Uji (sipas nevojës për të arritur konsistencën e dëshiruar)

UDHËZIME:
BRUMI:
a) Matni përbërësit për brumin në tavën e pjekjes (përveç majasë).

b) Prekni enën fort për të niveluar përbërësit, më pas spërkatni majanë në qendër të miellit.

c) Fusni tavën e pjekjes mirë në makinën e bukës dhe mbyllni kapakun.

d) Zgjidhni cilësimin e brumit dhe shtypni Start.

e) Makina do të bie dhe drita e PLOTË do të ndizet kur brumi të përfundojë.
f) Hiqeni brumin nga tava e pjekjes.

MBUSHJA:
g) Në një tas të veçantë, bashkoni të gjithë përbërësit e mbushjes dhe përziejini që të përzihen plotësisht.

KUVENDI:
h) Hapeni brumin në një katror 12 x 15 inç.
i) Përhapeni mbushjen në mënyrë të barabartë mbi brumë.
j) Brumin e rrotullojmë për së gjati dhe e presim rolenë në 12 pjesë.
k) Vendoseni anën e prerë poshtë në një tavë të lyer me gjalpë.
l) Mbulojeni brumin dhe lëreni të qëndrojë për 15 minuta.

PJEKJA:
m) Ngrohni furrën tuaj në 375°F (190°C).
n) Piqini simitet për 15 deri në 20 minuta ose derisa të marrin ngjyrë kafe të artë.
o) Ftoheni simitet në një raft pjekjeje.

MBULIMI:
p) Në një tas të veçantë, bashkoni të gjithë përbërësit e sipërme.
q) Shtoni ujë me ½ lugë çaji derisa të arrini konsistencën e dëshiruar.
r) Hidhni sipër simiteve të ftohur me lugë.
s) Shijoni tufat tuaja me djathë limoni të bërë në shtëpi!

11. Kifle me limon

PËRBËRËSIT:
- 1 vezë e plotë
- 1 filxhan Carbquik
- 2 lugë gjelle Splenda (ose sipas shijes)
- 1 lugë çaji lëvore limoni të grirë
- $\frac{1}{4}$ filxhan lëng limoni
- $\frac{1}{8}$ filxhan ujë
- 1 luge vaj
- 1 lugë gjelle fara lulekuqe (opsionale)
- 1 lugë çaji pluhur pjekjeje
- Një majë kripë

UDHËZIME:
a) Ngrohni furrën tuaj paraprakisht: Ngrohni furrën tuaj në 400°F (200°C). Vendosni një filxhan letre për pjekje në secilën prej 6 filxhanëve të kifleve me madhësi të rregullt, ose lyeni vetëm fundet e kupave të kifleve.

b) Përzieni brumin: Në një tas me madhësi mesatare rrihni pak vezën. Më pas, përzieni Carbquik, Splenda, lëvozhgën e grirë të limonit, lëngun e limonit, ujin, vajin, farat e lulekuqes (nëse përdorni), pluhurin për pjekje dhe pak kripë. Përziejeni derisa përzierja të jetë vetëm e lagur; mos e teproni.

c) Ndani brumin: Ndani brumin e kifleve në mënyrë të barabartë midis kupave të përgatitur për kifle.

d) Piqni: Piqini kiflet në furrën e nxehur më parë për 15 deri në 20 minuta ose derisa sipër të marrin ngjyrë kafe të artë. Mbani një sy në ato deri në fund të kohës së pjekjes për të shmangur mbipjekjen.

e) Pasi të jenë bërë, hiqni kiflet nga furra dhe lërini të ftohen në filxhanët e kifleve për disa minuta.

f) Kalojini kiflet në një raft teli që të ftohen plotësisht.
g) Shijoni kiflet me limon Carbquik të bërë në shtëpi!

MEZHET DHE SNACKS

12. Churros me limon

PËRBËRËSIT:
- 1 gotë ujë
- 2 luge sheqer
- ½ lugë çaji kripë
- 2 lugë vaj vegjetal
- 1 filxhan miell për të gjitha përdorimet
- Lëkura e 1 limoni
- Vaj vegjetal për tiganisje
- ¼ filxhan sheqer (për lyerje)
- 1 lugë çaji kanellë të bluar (për lyerje)
- Glazurë limoni (i bërë me sheqer pluhur dhe lëng limoni)

UDHËZIME:
a) Në një tenxhere përzieni ujin, sheqerin, kripën dhe vajin vegjetal. Lëreni përzierjen të ziejë.
b) Hiqeni tenxheren nga zjarri dhe shtoni miellin dhe lëkurën e limonit. Përziejini derisa masa të formojë një top brumi.
c) Ngrohni vajin vegjetal në një tigan ose tenxhere të thellë mbi nxehtësinë mesatare.
d) Transferoni brumin në një qese tubacioni të pajisur me një majë ylli.
e) Vendoseni brumin në vaj të nxehtë, duke e prerë në gjatësi 4-6 inç me thikë ose gërshërë.
f) Skuqini deri në kafe të artë nga të gjitha anët, duke i kthyer herë pas here.
g) Hiqni churros nga vaji dhe kullojini në një peshqir letre.
h) Në një tas të veçantë, bashkoni sheqerin dhe kanellën. Rrotulloni churros në përzierjen e sheqerit me kanellë derisa të mbulohen.
i) Hidhni glazurën e limonit mbi churros.

j) Shërbejini çupat e limonit të ngrohta.

13. Kafshimet e gjevrekut Jalapeño me limon

PËRBËRËSIT:

- 1 luge vaj ulliri
- 3 jalapeños, me fara dhe të grira hollë
- Kripë Kosher
- 2 pako (4 ons) me kafshata gjevrek
- 4 oce krem djathi, në temperaturë ambienti
- ½ lugë çaji lëvore limoni të grirë imët
- 1 lugë gjelle lëng limoni
- Një copë salcë e nxehtë
- 1 ons çedar portokalli tepër i mprehtë, i grirë në mënyrë të trashë (rreth ⅓ filxhan), plus më shumë për spërkatje
- 1 qepë, e grirë hollë, plus më shumë për spërkatje

UDHËZIME:

a) Ngrohni furrën në 400°F. Rreshtoni një fletë pjekjeje me letër pergamene.

b) Nxehni një tigan mesatar mbi nxehtësinë mesatare. Shtoni vajin e ullirit, më pas jalapeños dhe ¼ lugë çaji kripë. Gatuani, duke i përzier herë pas here, derisa jalapeños të zbuten, gjë që zgjat rreth 2 minuta. Hiqeni nga zjarri.

c) Ndërkohë, duke përdorur një thikë prerëse dhe duke punuar në një kënd, hiqni pjesën e sipërme të çdo gjevrek, duke lënë një hapje 1 inç. duke përdorur gishtin e madh, shtyni brenda dhe përreth për të shtypur disa nga gjevrekët dhe për të krijuar një hapje më të madhe.

d) Në një tas, kombinoni kremin e djathit, lëngun e lëkurës së limonit dhe salcën e nxehtë. palosni jalapeños, çedar dhe qepë. transferojeni përzierjen në një qese plastike të rimbyllshme.

e) Prisni cepin e çantës dhe mbushni çdo gjevrek. transferojeni në fletën e përgatitur për pjekje, spërkatni me djathë shtesë dhe piqni derisa djathi të shkrihet, 5 deri në 6 minuta. spërkateni me qepë para se ta shërbeni, nëse dëshironi.

14. Bare limoni

PËRBËRËSIT:
PËR KOREN:
- 1 filxhan (2 shkopinj) gjalpë pa kripë, i zbutur
- ½ filxhan sheqer të grimcuar
- 2 gota miell për të gjitha përdorimet
- Një majë kripë

PËR MBUSHJEN E LIMONIT:
- 4 vezë të mëdha
- 2 gota sheqer të grimcuar
- ⅓ filxhan miell për të gjitha përdorimet
- ½ filxhan lëng limoni të saposhtrydhur (rreth 4 limonë)
- Lëkura e 2 limonave
- Sheqer pluhur (për pluhurosje)

UDHËZIME:
PËR KOREN:
a) Ngrohni furrën tuaj në 350°F (175°C). Lyeni me yndyrë një enë pjekjeje 9x13 inç.
b) Në një tas përziejini së bashku gjalpin e zbutur dhe sheqerin e grirë.
c) Shtoni gradualisht miellin dhe kripën duke e përzier derisa të formohet një brumë i thërrmuar.
d) Shtypeni brumin në mënyrë të barabartë në fund të enës së përgatitur për pjekje.
e) Piqeni në furrën e nxehur më parë për 15-20 minuta, ose derisa skajet të kenë marrë një ngjyrë të lehtë të artë. Hiqeni nga furra dhe lërini mënjanë.

PËR MBUSHJEN E LIMONIT:
f) Në një tas të veçantë, përzieni vezët, sheqerin e grirë, miellin, lëngun e limonit dhe lëkurën e limonit derisa të kombinohen mirë.

g) Masën e limonit e hedhim sipër kores së pjekur.
h) Kthejeni enën në furrë dhe piqeni për 20-25 minuta të tjera, ose derisa mbushja e limonit të jetë vendosur dhe të mos lëkundet më kur tundni butësisht tavën.
i) Lërini shufrat e limonit të ftohen plotësisht në tigan.
j) Pasi të jetë ftohur e pudrosim sipër me sheqer pluhur dhe e presim në katrorë.

15. Crakera me limon

PËRBËRËSIT:
- 2½ gota Sheqer
- 1 filxhan Shkurtim
- 2 lugë gjelle Amoniak Bakers
- 1 lugë çaji Vaj limoni
- 2 vezë
- 2 lugë qumësht (i ri)
- 1 litër qumësht (i ri)
- Miell

UDHËZIME:
a) Filloni duke njomur amoniakun e furrës gjatë natës në një litër qumësht.
b) Në një enë të veçantë rrihni vezët veçmas dhe shtoni 2 lugë qumësht tek të verdhat.
c) Në një tas të madh përzierjeje, bashkoni sheqerin, amoniakun e njomur, vajin e limonit dhe vezët e rrahura me qumësht.
d) Gradualisht shtoni miell të mjaftueshëm për ta bërë brumin të ngurtë.
e) E hapim brumin hollë dhe e shpojmë mirë me pirun.
f) Piqni, por në recetën origjinale nuk është dhënë një temperaturë specifike ose kohë pjekjeje. Mund të provoni t'i pjekni në 425°F (220°C) derisa të marrin ngjyrë kafe të artë. Mbani një sy në to për të parandaluar pjekjen e tepërt.
g) Këto krisur me limon, megjithëse nuk kanë udhëzime specifike për temperaturën dhe kohën, janë një trajtim unik me një aromë limoni.

h) Kënaquni duke eksperimentuar me kohën dhe temperaturën e pjekjes për të arritur strukturën dhe ngjyrën e dëshiruar.

16. Patate të skuqura pite piper limoni

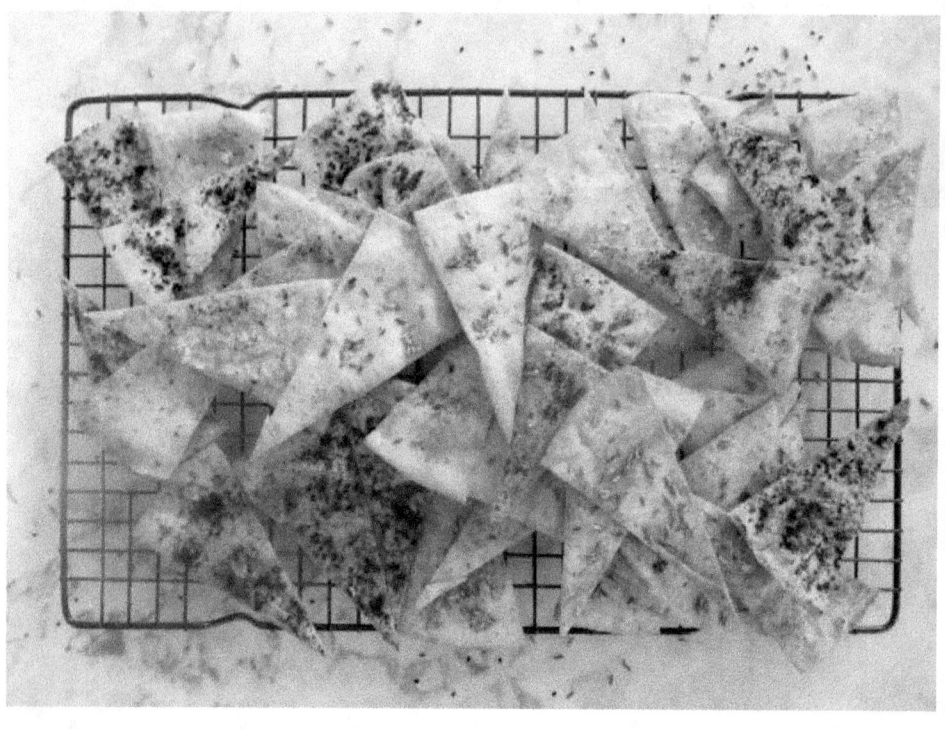

PËRBËRËSIT:
- 4 bukë pita
- 2 luge vaj ulliri
- Lëkura e 1 limoni
- 1 lugë çaji piper i zi
- ½ lugë çaji kripë

UDHËZIME:
a) Ngrohni furrën në 375°F (190°C).
b) Pritini rrumbullakët e bukës pita në trekëndësha të vegjël ose në forma të dëshiruara.
c) Në një tas të vogël përzieni vajin e ullirit, lëkurën e limonit, piperin e zi dhe kripën.
d) Lyejini të dyja anët e trekëndëshave të pitës me përzierjen e vajit të ullirit.
e) Rregulloni trekëndëshat e pitës në një tepsi të veshur me letër furre.
f) Piqni për 10-12 minuta ose derisa të bëhen krokante dhe pak të artë.
g) Lërini patate të skuqura të ftohen përpara se t'i shërbeni.

17. Tortë me gjizë me limon

PËRBËRËSIT:

- 2 gota miell për të gjitha përdorimet
- ¼ filxhan sheqer të grimcuar
- 1 lugë gjelle pluhur pjekjeje
- ½ lugë çaji kripë
- ½ filxhan gjalpë pa kripë, të ftohtë dhe të prerë në kubikë
- ¾ filxhan dhallë
- 1 lugë çaji ekstrakt vanilje
- Gjizë limoni
- Mjedra të freskëta
- Luleshtrydhe të freskëta, të prera në feta
- Krem pana, për servirje

UDHËZIME:

a) Ngrohni furrën tuaj në 425°F (220°C).
b) Në një tas të madh, përzieni miellin, sheqerin, pluhurin për pjekje dhe kripën.
c) Shtoni gjalpin e ftohtë të grirë në kubikë tek përbërësit e thatë. Përdorni një prestar pastiçerie ose gishtat për të prerë gjalpin në përzierjen e miellit derisa të ngjajë me thërrime të trashë.
d) Bëni një pus në qendër të përzierjes dhe derdhni në të dhallën dhe ekstraktin e vaniljes. Përziejini derisa të kombinohen.
e) E kthejmë brumin në një sipërfaqe të lyer me miell dhe e gatuajmë lehtë disa herë derisa të bashkohet.
f) Shtrojini brumin në një rrumbullakët të trashë 1 inç dhe prisni ëmbëlsirat e shkurtra duke përdorur një prerës për biskota.

g) Vendosini ëmbëlsirat në një tepsi të veshur me letër furre.
h) Piqni për 12-15 minuta ose deri në kafe të artë.
i) I heqim nga furra dhe i leme te ftohen pak.
j) Pritini ëmbëlsirat në gjysmë horizontalisht. Përhapeni gjizën e limonit në gjysmën e poshtme, më pas shtoni një shtresë me mjedra të freskëta dhe luleshtrydhe të prera në feta. Hidhni sipër gjysmën tjetër të kekut dhe shërbejeni me krem pana.

18. Limon Verbena Madeleines

PËRBËRËSIT:
- 2 filxhanë miell keku të pastruar
- 1 lugë çaji pluhur pjekjeje
- ½ lugë çaji kripë
- 1 filxhan gjalpë pa kripë, në temperaturë ambienti
- 1 ⅔ gota Sheqer i grimcuar
- 5 vezë të mëdha
- 1 ½ lugë çaji ekstrakt vanilje
- Shurup Verbena me limon (receta vijon)
- Shurup Verbena e limonit:
- ½ filxhan Ujë
- ½ filxhan sheqer i grimcuar
- ¼ filxhan gjethe verbena të freskëta limoni, të paketuara lehtë (ose 2 lugë gjelle gjethe limoni të thara)

UDHËZIME:
a) Ngrohni furrën tuaj në 325 gradë Fahrenheit (160 gradë Celsius) dhe vendoseni raftin në qendër të furrës. Lyejmë tavat Madeleine me gjalpë të zbutur dhe i pudrosim me miell, duke hequr miellin e tepërt. Le menjane.
b) Në një tas, sitini së bashku miellin e kekut, pluhurin për pjekje dhe kripën. Lëreni mënjanë përzierjen e thatë.
c) Në një tas përzierës me një mikser elektrik të pajisur me një shtojcë lopata, rrihni gjalpin e pakripur derisa të bëhet i butë dhe me gëzof.
d) Gradualisht shtoni sheqerin e grirë në gjalpë dhe vazhdoni ta rrahni derisa masa të bëhet shumë e lehtë dhe kremoze.
e) Shtoni vezët në përzierje një nga një, duke i rrahur mirë pas çdo shtimi. Përzieni ekstraktin e vaniljes.

f) Përzieni gradualisht përzierjen e miellit të thatë në brumin e lagur derisa gjithçka të jetë e kombinuar mirë.

g) Duke përdorur një shpatull, grijeni brumin në tiganët e përgatitur të Madeleine, duke e rrafshuar plotësisht. Pastroni skajet e tiganit me një peshqir letre.

h) Piqini Madeleines në furrën e nxehur më parë për rreth 10 deri në 15 minuta ose derisa ëmbëlsirat të jenë rritur dhe të kenë marrë ngjyrë të artë sipër. Fusni një testues në qendër të një Madeleine; duhet të dalë e pastër kur të jenë pjekur plotësisht.

i) Hiqni Madeleines nga furra dhe rrëshqitni një thikë anash për t'i liruar ato. Hidhini ëmbëlsirat në një raft teli, me anën e djathtë lart.

j) Ndërsa Madeleines janë ende të ngrohta, përdorni një hell të hollë për të shpuar një vrimë në pjesën e sipërme të çdo keku.

k) Përgatitni shurupin e limonit verbena: Në një tenxhere të vogël, bashkoni ujin, sheqerin e grirë dhe gjethet e freskëta të limonit. Lëreni përzierjen të ziejë, duke e përzier derisa sheqeri të tretet. Hiqeni tenxheren nga zjarri dhe lëreni shurupin të piqet për rreth 10 minuta. Kullojeni shurupin për të hequr gjethet e limonit.

l) Hidhni 1 lugë çaji shurup të ngrohtë limoni verbena mbi çdo Madeleine, duke e lejuar atë të zhytet dhe të mbushë ëmbëlsirat me aromën e saj të lezetshme.

m) Lërini Madeleines të ftohen plotësisht dhe më pas ruajini në një enë hermetike.

n) Shijoni këto Verbena Lemon Madeleines të këndshme, të mbushura me esencën aromatike të verbenës së limonit. Ata bëjnë një ëmbëlsirë të këndshme për të shoqëruar çajin ose kafenë tuaj, dhe shurupi aromatik shton një prekje shtesë ëmbëlsie dhe shije. Mbani mbetjet në një enë hermetike për të ruajtur freskinë e tyre.

19. Brownies me limon

PËRBËRËSIT:

- 1 filxhan gjalpë pa kripë, i shkrirë
- 2 gota sheqer të grimcuar
- 4 vezë të mëdha
- 1 lugë çaji ekstrakt vanilje
- 1 luge gjelle lekure limoni
- 2 lugë gjelle lëng limoni të freskët
- 1 ½ filxhan miell për të gjitha përdorimet
- ½ lugë çaji kripë
- ½ filxhan sheqer pluhur (për pluhurosje)

UDHËZIME:

a) Ngrohni furrën në 350°F dhe lyeni me yndyrë një enë pjekjeje 9x13 inç.

b) Në një tas të madh, përzieni gjalpin e shkrirë dhe sheqerin e grirë derisa të kombinohen mirë.

c) Shtoni vezët, ekstraktin e vaniljes, lëkurën e limonit dhe lëngun e limonit dhe përzieni derisa të jetë e qetë.

d) Në një tas të veçantë, përzieni miellin dhe kripën.

e) Gradualisht shtoni përbërësit e thatë tek përbërësit e lagësht, duke i përzier derisa të kombinohen.

f) Derdhni brumin në enën e përgatitur për pjekje dhe shpërndajeni në mënyrë të barabartë.

g) Piqni për 25-30 minuta, ose derisa një kruese dhëmbësh e futur në qendër të dalë me disa thërrime të lagura.

h) Lërini brownies të ftohen plotësisht.

i) Spërkateni sipër me sheqer pluhur.

j) Pritini në katrorë dhe shërbejini.

20. Mini bare limoni

PËRBËRËSIT:

- 1 filxhan miell për të gjitha përdorimet
- $\frac{1}{4}$ filxhan sheqer pluhur
- $\frac{1}{2}$ filxhan gjalpë pa kripë, i zbutur
- 2 vezë të mëdha
- 1 filxhan sheqer të grimcuar
- 2 lugë miell për të gjitha përdorimet
- $\frac{1}{4}$ lugë çaji pluhur pjekjeje
- 2 lugë gjelle lëng limoni
- Lëkura e 1 limoni
- Sheqer pluhur (për pluhurosje)

UDHËZIME:

a) Ngrohni furrën në 350°F (175°C).

b) Në një tas përzieni, kombinoni 1 filxhan miell, $\frac{1}{4}$ filxhan sheqer pluhur dhe gjalpin e zbutur derisa të bëhet i thërrmuar.

c) Shtypeni përzierjen në fund të një tave pjekjeje të lyer me yndyrë 8 x 8 inç.

d) Piqni koren për 15-20 minuta ose derisa të marrë një ngjyrë kafe të lehtë.

e) Në një enë tjetër, përzieni vezët, sheqerin e grirë, 2 lugë miell, pluhurin për pjekje, lëngun e limonit dhe lëkurën e limonit derisa të bashkohen mirë.

f) Masën e limonit e hedhim sipër kores së pjekur.

g) Piqni edhe për 20-25 minuta shtesë ose derisa pjesa e sipërme të vendoset dhe të skuqet lehtë.

h) Lërini mini grilat e limonit të ftohen plotësisht, më pas i prisni në katrorë sa kafshatë.

i) Spërkatni sipër me sheqer pluhur përpara se ta shërbeni.

21. Tartufi me limonadë

PËRBËRËSIT:
- 26 ons çokollatë të bardhë, të ndara
- 6 lugë gjelle gjalpë
- 1 luge gjelle lekure limoni
- 1 lugë çaji lëng limoni
- ⅓ lugë çaji acid tartarik Pini kripë
- 2 lugë konserva luleshtrydhe

UDHËZIME:
a) Kaloni të gjithë çokollatën e bardhë duke përdorur metodën këtu dhe verifikoni që keni temperament të mirë duke lyer me pak çokollatë në banak.
b) Kjo duhet të vendoset brenda 2 minutash. Lërini mënjanë 16 ons.
c) Zbuteni gjalpin në mikrovalë dhe më pas gatuajeni në një jastëk letre pergamene (shih këtu) derisa gjalpi të jetë i ngrohtë dhe konsistenca e kremit të fytyrës.
d) Përzieni gjalpin në 10 ouncë çokollatë të kalitur derisa përzierja të kombinohet mirë dhe të duket e mëndafshtë.
e) Shtoni përbërësit e mbetur dhe përzieni mirë.
f) Vendoseni ganashin në kallëpe katrore 1 inç.
g) Lëreni të qëndrojë në banak ose vendoseni në frigorifer për 20 minuta që të forcohet.
h) Janë gati për zhytje kur ganashi të dalë pastër nga kallëpi.
i) Duke përdorur një pirun zhytjeje me dy dhëmbë, zhytni tartufët në 16 ons të mbetura çokollatë të bardhë të kalitur.
j) Dekoroni duke vendosur gjalpë kakao rozë dhe të verdhë sipër çdo tartufi përpara se të zhytni tartufin tjetër.

k) Lëreni të vendoset në një zonë të freskët për 10 deri në 20 minuta përpara se të hiqni fletën e transferimit.
l) Ruajeni deri në 3 javë në temperaturën e dhomës në një vend të errët larg aromës dhe nxehtësisë.

ËSHTIRËS

22. Makarona me Glaze Pasqyre me Limon

PËRBËRËSIT:
PËR GOACAT E MAKARONËS:
- 1 filxhan miell bajame
- 1 filxhan sheqer pluhur
- 2 të bardha veze të mëdha, në temperaturë ambienti
- ¼ filxhan sheqer të grimcuar
- Lëkura e 1 limoni
- Ngjyrosje ushqimore me xhel të verdhë (opsionale)

PËR MBUSHJEN E gjizës me LIMON:
- Lëng nga 2 limona
- Lëkura e 1 limoni
- ½ filxhan sheqer të grimcuar
- 2 vezë të mëdha
- 4 lugë gjelle (56 g) gjalpë pa kripë, të prerë në kubikë

PËR glazurën e pasqyrës së limonit:
- ½ filxhan ujë
- 1 filxhan sheqer të grimcuar
- ½ filxhan shurup misri i lehtë
- ½ filxhan (60 g) lëng limoni pa sheqer
- 2 lugë xhelatinë pluhur
- Ngjyrosje ushqimore me xhel të verdhë (opsionale)

UDHËZIME:
BËRJA E GODAVE TË MAKARONËS:
a) Rreshtoni dy fletë pjekjeje me letër furre ose rrogoza silikoni.

b) Në një përpunues ushqimi, bashkoni miellin e bajames dhe sheqerin pluhur. Pulsoni derisa të kombinohen mirë dhe të kenë një strukturë të imët. Transferoni në një tas të madh përzierjeje.

c) Në një enë tjetër rrahim të bardhat e vezëve derisa të bëhen shkumë. Shtoni gradualisht sheqerin e grirë duke vazhduar rrahjen. Rrihni derisa të formohen maja të forta. Sipas dëshirës, shtoni disa pika ngjyrues ushqimor me xhel të verdhë dhe lëkurën e limonit dhe përzieni derisa të shpërndahen në mënyrë të barabartë.
d) Palosni butësisht përzierjen e miellit të bajames në përzierjen e të bardhës së vezëve duke përdorur një shpatull. Paloseni derisa masa të jetë e lëmuar dhe të formojë një konsistencë si fjongo. Kini kujdes të mos përzieni shumë.
e) Transferoni brumin e makaronave në një qese tubacioni të pajisur me një majë të rrumbullakët.
f) Vendosni raunde të vogla (rreth 1 inç në diametër) në fletët e përgatitura të pjekjes, duke lënë hapësirë midis secilës. Prekni fletët e pjekjes në banak për të lëshuar çdo flluskë ajri.
g) Lërini makaronat me tuba të qëndrojnë në temperaturën e dhomës për rreth 30 minuta derisa të formohet një lëkurë në sipërfaqe. Ky hap është thelbësor për një guaskë të qetë.
h) Ndërsa makaronat janë duke pushuar, ngrohni furrën tuaj në 300°F (150°C).
i) Piqni makaronat për 15 minuta, duke i rrotulluar fletët e pjekjes në gjysmë.
j) Hiqni makaronat nga furra dhe lërini të ftohen në tepsi për disa minuta përpara se t'i transferoni në një raft teli që të ftohen plotësisht.

Bërja e mbushjes së gjizës me limon:
k) Në një tenxhere, kombinoni lëngun e limonit, lëkurën e limonit, sheqerin e grimcuar dhe vezët. Përziejini së

bashku mbi nxehtësinë mesatare derisa masa të trashet, rreth 5-7 minuta.

l) Hiqeni tenxheren nga zjarri dhe përzieni gjalpin e prerë në kubikë derisa të përfshihet plotësisht.

m) Transferoni gjizën e limonit në një tas, mbulojeni me mbështjellës plastik (duke prekur drejtpërdrejt sipërfaqen për të parandaluar formimin e një lëkure) dhe vendoseni në frigorifer derisa të ftohet dhe të vendoset, rreth 1 orë.

MONTIMI I MAKARONAVE:

n) Përputhni lëvozhgat e makaronave në çifte me madhësi të ngjashme.

o) Mbushni një qese tubacioni me mbushjen e gjizës së limonit dhe futni një sasi të vogël në një lëvozhgë makarona nga secila palë.

p) Shtypni butësisht lëvozhgën e dytë sipër për të krijuar një sanduiç. Përsëriteni me makaronat e mbetura.

q) Bërja e glazurës së pasqyrës së limonit:

r) Në një tas të vogël, kombinoni pluhurin e xhelatinës me 2 lugë ujë të ftohtë. Lëreni të lulëzojë për disa minuta.

s) Në një tenxhere, bashkoni ujin, sheqerin e grimcuar dhe shurupin e misrit. Lëreni të vlojë mbi nxehtësinë mesatare, duke e përzier vazhdimisht derisa sheqeri të tretet.

t) Hiqeni përzierjen nga zjarri dhe shtoni lëng limoni, duke e trazuar për t'u bashkuar.

u) Shtoni xhelatinën e lulëzuar në përzierjen e limonit dhe përzieni derisa xhelatina të tretet plotësisht.

v) Nëse dëshironi, shtoni disa pika ngjyrues ushqimor xhel të verdhë për një ngjyrë të gjallë limoni.

GLAZIMI I MAKARONAVE:

w) Vendosni një raft teli mbi një fletë pjekjeje për të kapur çdo lustër të tepërt.

x) Mbajeni çdo makarona nga maja e saj dhe zhytni butësisht pjesën e poshtme në glazurën e pasqyrës së limonit. Lëreni glazurën e tepërt të pijë.

y) Vendosni makaronat me glazurë në raftin e telit për të qëndruar për rreth 30 minuta derisa glazura të jetë e fortë.

z) Ruani makaronat me glazurë me pasqyrë limoni në një enë hermetike në frigorifer deri në tre ditë. Shijoni ëmbëlsirat tuaja të këndshme me limon!

23. Pistachio Lemon Éclairs

PËRBËRËSIT:

PËR LIMONËT E KËMENDOSUR (OPSIONAL):
- 10 sunquats (mini limonë)
- 2 gota ujë
- 2 gota sheqer

PËR PASTE FISTIKE:
- 60 g fëstëkë pa lëvozhgë (jo të pjekur)
- 10 g vaj rrushi

PËR KREM MUSELIN FISTIK-LIMON:
- 500 gr qumësht
- Lëkura e 2 limonave
- 120 g të verdhë veze
- 120 g sheqer
- 40 g niseshte misri
- 30 g pastë fëstëk (ose 45 g nëse blihet në dyqan)
- 120 gr gjalpë i zbutur (i prerë në kubikë)

PËR MARZIPANIN FISTIKE:
- 200 g marzipan
- 15 g pastë fëstëk
- Ngjyrosje e gjelbër ushqimore (xhel)
- Pak sheqer pluhur

PËR PASTËRSIN CHOUX:
- 125 g gjalpë
- 125 g qumësht
- 125 g ujë
- 5 g sheqer
- 5 g kripë
- 140 g miell
- 220 gr vezë

PËR glazurën:
- 200 g neutre nappage (glazurë neutral pelte)

- 100 g ujë
- Ngjyrosje e gjelbër ushqimore (xhel)

PËR DEKORIMIN:
- Fëstëkë të bluar

UDHËZIME:
LIMONË TË KËMENDOSUR (OPSIONAL):
a) Përgatitni një banjë akulli (një tenxhere me ujë dhe akull) dhe lëreni mënjanë.

b) Përdorni një thikë të mprehtë për të prerë feta të holla limoni. Hidhni farat.

c) Në një tenxhere tjetër vendosim ujin të vlojë. Hiqeni nga zjarri dhe shtoni menjëherë fetat e limonit në ujin e nxehtë. Përziejini derisa fetat të zbuten (rreth një minutë).

d) Hidhni ujin e nxehtë përmes një sitë dhe më pas vendosini fetat e limonit në një banjë akulli për një sekondë. Hidhni ujë të akullt duke përdorur sitën.

e) Në një tenxhere të madhe në zjarr të lartë, bashkoni ujin dhe sheqerin. Përziejini derisa të shkrihet sheqeri dhe më pas lëreni të vlojë.

f) Ulni nxehtësinë në mesatare dhe përdorni darë për të vendosur fetat e limonit në ujë në mënyrë që ato të notojnë. Gatuani në zjarr të ulët derisa lëkura të bëhet transparente, rreth 1 orë e gjysmë.

g) Hiqni limonët me darë dhe vendosini në një raft ftohjeje. Vendosni një copë letër pjekjeje nën raftin e ftohjes për të kapur çdo shurup që pikohet nga fetat e limonit.

PASTE FISTIKE:
h) Ngroheni furrën në 160°C (320°F).

i) Pjekim fistikët në një tepsi për pjekje për rreth 7 minuta derisa të skuqen pak. Lërini të ftohen.
j) Grini fëstëkët e ftohur në një përpunues të vogël ushqimi në formë pluhuri. Shtojmë vajin dhe e bluajmë sërish derisa të bëhet një pastë. Ruajeni në frigorifer deri në përdorim.
k) Krem musseline me fëstëk-limon:
l) Lëreni qumështin të ziejë. Fikni zjarrin, shtoni lëkurën e limonit, mbulojeni dhe lëreni të qëndrojë për 10 minuta.
m) Në një enë bashkojmë të verdhat e vezëve dhe sheqerin. Rrihni menjëherë, më pas shtoni niseshte misri dhe përzieni përsëri.
n) Shtoni qumështin e ngrohtë ndërsa përzieni. Masën e derdhim përmes një sitë në një tenxhere të pastër, duke hedhur lëkuren e limonit të mbetur në sitë.
o) Ngroheni në zjarr mesatar dhe përzieni derisa masa të trashet dhe të bëhet kremoze. Hiqeni nga zjarri.
p) Kaloni kremin në tasin që përmban pastën e fëstëkut. Rrihni derisa të jetë uniforme. Mbulojeni me mbështjellës plastik për të parandaluar formimin e një kore dhe vendoseni në frigorifer.
q) Kur kremi të arrijë temperaturën 40°C (104°F), shtoni gradualisht gjalpin e zbutur dhe përzieni mirë. Mbulojeni me mbështjellës plastik dhe vendoseni në frigorifer.
ËBRITJE CHOUX:
r) Shosh miellin dhe e lëmë mënjanë.
s) Në një tenxhere shtoni gjalpin, qumështin, ujin, sheqerin dhe kripën. Ngroheni në temperaturë mesatare derisa gjalpi të shkrijë dhe përzierja të marrë një valë.
t) Hiqeni nga zjarri, shtoni menjëherë miellin dhe përziejini mirë derisa të krijohet një masë uniforme, e

ngjashme me purenë e patateve. Kjo është përzierja e panades.

u) Thajeni panaden për rreth një minutë në zjarr të ulët, duke e trazuar me një shpatull, derisa të fillojë të tërhiqet nga anët e tenxheres dhe të ngjizet.

v) Transferoni panaden në një tas dhe ftohni pak. Në një tas të veçantë, rrahim vezët dhe gradualisht i shtojmë në mikser, duke pritur që çdo shtim të bashkohet përpara se të shtohen të tjera.

w) Përziejini me shpejtësi të ulët-mesatare derisa brumi të jetë i qetë, me shkëlqim dhe i qëndrueshëm.

x) Ngrohni furrën në 250°C (480°F). Mbuloni një tepsi me letër pergamene ose një shtresë të hollë gjalpë.

y) Vendosni shirita të brumit 12 cm të gjatë në tabaka. Mos e hapni derën e furrës gjatë pjekjes.

z) Pas 15 minutash hapeni derën e furrës pak (rreth 1 cm) që të lëshojë avulli. Mbylleni dhe vendosni temperaturën në 170°C (340°F). Piqeni për 20-25 minuta derisa eklerët të marrin ngjyrë kafe.

aa) Përsëriteni me brumin e mbetur.

MARZIPAN FISTIKE:

bb) Prisni marzipanin në kubikë dhe përziejeni me një rrahëse të sheshtë derisa të jetë e butë dhe e njëtrajtshme. Shtoni pastën e fëstëkut dhe ngjyrën e gjelbër ushqimore (nëse dëshironi) dhe përzieni derisa të jetë uniforme.

cc) Hapni marzipanin në një trashësi prej 2 mm dhe prisni shirita që të përshtaten me eklerët.

KUVENDI:

dd) Pritini dy vrima të vogla në fund të çdo ekler.

ee) Mbushni çdo ekler me kremin fëstëk-limon nëpër vrima.
ff) Lyejeni pak glazurë në njërën anë të çdo shiriti marzipani dhe ngjiteni me eklerët.
gg) Zhytni çdo ekler në glazurë, duke lejuar që glazura e tepërt të pikojë.
hh) Dekoroni me feta limoni të ëmbëlsuar ose fëstëkë të grirë.
ii) Lëreni në frigorifer derisa të jeni gati për t'u shërbyer.

24. Tortë goji, fëstëk dhe limon

PËRBËRËSIT:
PËR KORËN VEGAN TË FISTËQËS SË RAPË:
- $1\frac{1}{2}$ filxhan miell bajame ose miell bajame
- $\frac{1}{2}$ filxhan fëstëkë
- 3 data
- $1\frac{1}{2}$ lugë gjelle vaj kokosi
- $\frac{1}{2}$ lugë çaji pluhur kardamom të bluar
- $\frac{1}{8}$ lugë çaji kripë

MBUSHJA:
- $1\frac{1}{2}$ filxhan krem kokosi
- 1 filxhan lëng limoni
- 1 lugë gjelle niseshte misri
- 2 lugë çaji agar-agar
- $\frac{1}{4}$ filxhan shurup panje
- $\frac{1}{2}$ lugë çaji pluhur shafran i Indisë
- 1 lugë çaji ekstrakt vanilje
- $\frac{1}{2}$ lugë çaji ekstrakt goji

PALLAT:
- një grusht goji berries
- fruti i Dragoit
- lule të ngrënshme
- zemrat me çokollatë

UDHËZIME:
SHELL TART
a) Përzieni miellin e bajameve dhe fëstëkët në një përpunues ushqimi/blender derisa të bëhet një thërrime e imët.

b) Shtoni pjesën tjetër të përbërësve të kores dhe përziejini mirë derisa të përftoni një masë të njëtrajtshme ngjitëse.

c) Shtoni brumin e kores në një tepsi dhe përhapeni në mënyrë të barabartë brenda bazës.

d) Lëreni të ftohet në frigorifer, ndërsa përgatitni mbushjen.

MBUSHJE

e) Ngrohni kremin e kokosit në një tenxhere të mesme, duke e trazuar mirë derisa të jetë e qetë dhe e njëtrajtshme.

f) Shtoni pjesën tjetër të përbërësve të mbushjes, duke përfshirë niseshtën e misrit dhe agar agar.

g) Duke e përzier vazhdimisht, lëreni të vlojë dhe gatuajeni për disa minuta derisa të fillojë të trashet.

h) Kur masa të trashet, hiqeni nga zjarri dhe lëreni të ftohet për 10-15 minuta.

i) Më pas hidheni sipër kores dhe lëreni të ftohet plotësisht.

j) Vendoseni në frigorifer për të paktën nja dy orë derisa mbushja të jetë bllokuar plotësisht.

k) Dekoroni me goji manaferrat, topa frutash dragoi dhe lule të ngrënshme, ose me mbushjet tuaja të preferuara.

25. Byrek me beze-fistik me limon

PËRBËRËSIT:
- 1 porcion Crunch me fëstëkë
- ½ ons çokollatë e bardhë e shkrirë
- 1⅓ filxhan gjizë limoni
- 1 filxhan sheqer
- ½ filxhan ujë
- 3 te bardha veze
- ¼ filxhan gjizë limoni

UDHËZIME:
a) Hidheni thërrimet e fëstëkut në një kanaçe byreku 10 inç. Me gishtat dhe pëllëmbët e duarve, shtypni fort kërcitjen në tepsi për byrekun, duke u siguruar që pjesa e poshtme dhe anët të jenë të mbuluara në mënyrë të barabartë. Lëreni mënjanë ndërsa bëni mbushjen; E mbështjellë me plastikë, korja mund të ruhet në frigorifer, deri në 2 javë.

b) Duke përdorur një furçë pastiçerie, lyeni një shtresë të hollë çokollatë të bardhë në fund dhe lart në anët e kores. E vendosim koren në ngrirje për 10 minuta që të zihet çokollata.

c) Vendosni 1⅓ filxhan gjizë limoni në një tas të vogël dhe përzieni që të lirohet pak. Grini gjizën e limonit në një kore dhe përdorni pjesën e pasme të një luge ose një shpatull për ta përhapur në një shtresë të barabartë. Vendoseni byrekun në frigorifer për rreth 10 minuta për të ndihmuar në vendosjen e shtresës së gjizës së limonit.

d) Ndërkohë, bashkoni sheqerin dhe ujin në një tenxhere të vogël me fund të rëndë dhe hidhni butësisht sheqerin në ujë derisa të duket si rërë e lagësht. Vendoseni tenxheren mbi nxehtësinë mesatare dhe ngrohni përzierjen në 239°F, duke mbajtur gjurmët e temperaturës me një termometër leximi të menjëhershëm ose karamele.

e) Ndërkohë që sheqeri po nxehet, vendosni të bardhat e vezëve në tasin e një mikseri dhe, me bashkëngjitur me kamxhik, filloni t'i rrihni deri në maja të buta mesatare.

f) Pasi shurupi i sheqerit të arrijë temperaturën 239°F, hiqeni nga zjarri dhe hidheni me shumë kujdes në të bardhat e vezëve të rrahura, duke mos lejuar rrahjen: uleni mikserin në shpejtësi shumë të ulët përpara se ta bëni këtë, përveç nëse dëshironi një djegie interesante. shenja në fytyrën tuaj.

g) Pasi i gjithë sheqeri të jetë shtuar me sukses në të bardhat e vezëve, kthejeni shpejtësinë e mikserit dhe lëreni marengën të rrihet derisa të ftohet në temperaturën e dhomës.

h) Ndërkohë që meringa është duke rrahur, vendosni ¼ filxhan gjizë limoni në një tas të madh dhe përzieni me një shpatull për ta liruar pak.

i) Kur merenga të jetë ftohur në temperaturën e dhomës, fikni mikserin, hiqni tasin dhe me spatul e palosni marengën në gjizën e limonit derisa të mos mbeten vija të bardha, duke pasur kujdes që të mos fryhet marenga.

j) Hiqeni byrekun nga ngrirja dhe hidhni marengën e limonit sipër gjizës së limonit. Me anë të një luge shtrojmë marengën në një shtresë të barabartë duke e mbuluar plotësisht gjizën e limonit.

k) Shërbejeni, ose ruajeni byrekun në frigorifer derisa të jetë gati për t'u përdorur. I mbështjellë fort në mbështjellës plastik pasi të jetë ngrirë fort, do të ruhet në frigorifer deri në 3 javë. Lëreni byrekun të shkrihet brenda natës në frigorifer ose për të paktën 3 orë në temperaturën e dhomës përpara se ta shërbeni.

26. Tortë me mus me luleshtrydhe me limon

PËRBËRËSIT:
- 1 filxhan miell per perdorim 250 ml
- ⅓ filxhan lajthi të thekura ose arra fëstëk; i grirë imët
- 2 lugë sheqer të grimcuar 25 ml
- ½ filxhan gjalpë pa kripë; prerë në copa të vogla 125 mL
- 1 e verdhë veze 1
- 1 lugë gjelle lëng limoni 15 ml
- 2 ons Pandispanja e bërë në shtëpi ose komerciale 60 g
- 4 filxhanë luleshtrydhe të freskëta 1 l
- 1 Zarf me xhelatinë pa aromë 1
- ¼ filxhan ujë të ftohtë 50 ml
- 4 Të verdhat e vezëve 4
- ¾ filxhan sheqer të grimcuar; i ndarë 175 mL
- ¾ filxhan lëng limoni 175 ml
- 1 lugë gjelle lëvore limoni e grirë imët 15 mL
- 4 oce krem djathi 125 g
- 1¾ filxhan krem pana 425 ml
- Fëstëkë të thekur të copëtuar
- Sheqer pluhur i situr

UDHËZIME:
a) Ngrohni furrën në 375F/190C.

b) Për të bërë ëmbëlsirën, në një tas të madh bashkoni miellin me arrat dhe sheqerin e grirë. Pritini në gjalpë derisa të jetë në copa të vogla.

c) Kombinoni të verdhën e vezës me lëng limoni. Spërkateni mbi përzierjen e miellit dhe mblidhni brumin së bashku në një top. Rrokullisni ose shtypni për të përshtatur pjesën e poshtme të një tigani 9 ose 10 inç/23 ose 25 cm.

d) Piqni për 20 deri në 25 minuta, ose derisa të marrin një ngjyrë kafe të lehtë. Thyejeni pandispanjen në copa të vogla dhe spërkatni sipër brumit.

e) Rezervoni tetë nga luleshtrydhet më të mira për sipër. Kokrrat e mbetura të bykut.

f) Pritini rreth dymbëdhjetë kokrra të bardha përgjysmë dhe rregullojini rreth buzës së tavës me anën e prerë të manave të shtypur në buzë. Rregulloni kokrrat e mbetura që të futen brenda tepsisë me majat e drejtuara lart.

g) Për të bërë mbushjen, spërkatni xhelatinë mbi ujë të ftohtë në një tenxhere të vogël.

h) Lëreni të zbutet për 5 minuta. Ngroheni butësisht derisa të treten.

i) Në një tenxhere mesatare rrihni 4 të verdhat e vezëve me $\frac{1}{2}$ filxhan/125 ml sheqer të grirë derisa të zbehen. Rrihni në lëng limoni dhe lëkurë. Gatuani duke e përzier vazhdimisht derisa masa të trashet dhe të marrë valë. Përzieni xhelatinën e tretur. I ftohtë.

j) Në një tas të madh, rrihni kremin e djathit me $\frac{1}{4}$ filxhan të mbetur/50 ml sheqer të grirë. Rrihni në kremin e ftohtë të limonit.

k) Në një tas të veçantë, rrihni kremin pana deri sa të zbehet. Paloseni në krem limoni.

l) Hidhni mbi manaferrat. Shkundni tiganin butësisht në mënyrë që përzierja e limonit të bjerë midis manave dhe sipër të jetë e barabartë. Lëreni në frigorifer për 3 deri në 4 orë, ose derisa të vendoset.

m) Kaloni një thikë rreth buzës së tiganit dhe hiqni anët.

n) Vendoseni tortën në pjatën e servirjes. (Hiqni pjesën e poshtme të formës susta vetëm nëse largohet lehtë.)

Vendosni shirita letre të depiluar 1 inç/2½ cm sipër tortës, duke lënë hapësira në mes.

o) Spërkatini hapësirat me arra fëstëk. Hiqeni letrën me kujdes. Lëreni lëvozhgën në manaferrat e rezervuara dhe pritini në gjysmë. Rregulloni manaferrat në rreshta përgjatë shiritave bosh. Pluhuroni me sheqer pluhur.

p) Lëreni në frigorifer derisa të jeni gati për t'u shërbyer.

27. Mus arra gershie limoni

PËRBËRËSIT:
- ½ filxhan Bajame të plota natyrale
- 1 Zarf xhelatinë pa aromë
- 3 lugë lëng limoni
- 1 filxhan sheqer i grimcuar; të ndarë
- 1 kanaçe (12 ons) qumësht të avulluar
- 1 kanaçe (21 ons) mbushje dhe mbushje për byrekun me qershi
- 2 lugë çaji lëvore limoni të grirë
- ¼ lugë çaji ekstrakt bajame
- 4 Të bardhat e vezëve

UDHËZIME:
a) Përhapni bajamet në një shtresë të vetme në një fletë pjekjeje. E pjekim në furrë të nxehur në 350 gradë për 12-15 minuta duke i trazuar herë pas here derisa të skuqen lehtë. Ftoheni dhe grijeni imët.

b) Spërkatni xhelatinë mbi 3 lugë ujë në një tenxhere të vogël të rëndë. Lëreni të qëndrojë për 2 minuta derisa xhelatina të ketë thithur ujin.

c) Përzieni lëngun e limonit dhe ½ filxhan sheqer; përziejeni përzierjen në zjarr të ulët derisa xhelatina dhe sheqeri të jenë tretur plotësisht dhe lëngu të jetë i pastër.

d) Derdhni qumështin e avulluar në një tas të madh përzierjeje; përzieni mbushjen e byrekut me qershi, lëvozhgën e limonit dhe ekstraktin e bajames. Përzieni përzierjen e xhelatinës së tretur, duke e përzier plotësisht.

e) Ftoheni derisa masa të jetë e trashë dhe në konsistencë si puding.

f) Rrihni të bardhat e vezëve derisa të bëhen të lehta dhe të shkumëzuara. Gradualisht shtoni sheqerin e mbetur.

g) Vazhdoni rrahjen derisa të formohet beze e fortë. Palosni marengën në përzierjen e qershisë. Palosni butësisht bajamet e grira.

h) Hidhni shkumën me lugë në 8 tasa për servirje. Mbulojeni dhe ftohuni për të paktën 2 orë ose gjatë natës përpara se ta shërbeni.

28. Torte me akull limoni me salce raven

PËRBËRËSIT:
PËR KOREN:
- 3 filxhanë bajame të grira të zbardhura, të thekura (rreth 12 ons)
- ½ filxhan Sheqer
- 5 lugë margarinë e shkrirë
- ¼ lugë çaji kanellë të bluar
- ⅓ filxhan konserva luleshtrydhesh

PËR TORTEN:
- 3 litra akull limoni ose ananasi, sherbet ose sherbet
- 1 filxhan Sheqer
- ½ filxhan Ujë
- 1 fasule vanilje, e ndarë për së gjati

PËR salcën me luleshtrydhe-raven:
- 1 qese 20 ons me raven të ngrirë të pa ëmbëlsuar
- 1 qese 20 ons me luleshtrydhe të ngrira pa sheqer
- 1 litër shportë me luleshtrydhe të freskëta
- Degët e freskëta të nenexhikut (për zbukurim)

UDHËZIME:
PËR KOREN:
a) Në një përpunues ushqimi, kombinoni bajamet e thekura të grira dhe sheqerin. Përpunoni derisa të copëtoni imët.

b) Transferoni përzierjen e bajame-sheqerit në një tas mesatar.

c) Përzieni margarinën e shkrirë dhe kanellën e bluar në përzierjen e bajameve derisa të kombinohen mirë.

d) Transferoni përzierjen e bajameve në një tigan me diametër 9 inç. Përdorni mbështjellësin plastik për të ndihmuar në shtypjen e fortë të përzierjes së bajameve 2

inç lart nga anët dhe në mënyrë të barabartë mbi fundin e tiganit. Ngrijeni koren për 15 minuta.
e) Ngrohni furrën tuaj në 350°F (175°C). Vendoseni tavën me koren në një tepsi dhe piqni për 20 minuta, ose derisa korja të jetë e vendosur dhe të ketë marrë një ngjyrë të lehtë të artë. Nëse anët e kores rrëshqasin gjatë pjekjes, shtypini ato në vend me pjesën e pasme të një piruni.
f) Transferoni tiganin në një raft dhe lëreni koren të ftohet plotësisht.
g) Shkrini konservat e luleshtrydheve në një tenxhere të vogël të rëndë. Hidhni konservat e shkrira në koren e ftohur dhe shpërndajeni për të mbuluar pjesën e poshtme. Lëreni të ftohet.

PËR TORTEN:
h) Zbutni akullin, sherbetin ose sherbetin me limon ose ananasin shumë pak dhe e shpërndani në tavë mbi kore. Ngrijeni derisa të forcohet. Ju mund ta përgatisni këtë hap një ditë përpara; thjesht mbulojeni dhe ngrini.

PËR salcën me luleshtrydhe-raven:
i) Në një tenxhere të rëndë mesatare, kombinoni $\frac{1}{2}$ filxhan sheqer dhe $\frac{1}{2}$ filxhan ujë. Grini farat nga kokrrat e vaniljes dhe i shtoni në tenxhere së bashku me kokrrën e ndarë të fasules së vaniljes. Ziejini për 5 minuta.
j) Shtoni $\frac{1}{2}$ filxhan të mbetur sheqer dhe përzieni që të treten.
k) Shtoni raven në tenxhere. Lëreni të ziejë, më pas ulni zjarrin, mbulojeni dhe ziejini derisa raven të zbutet, gjë që duhet të zgjasë rreth 8 minuta.
l) Shtoni luleshtrydhet e ngrira në tenxhere dhe lërini të ziejnë. Lëreni salcën të ftohet. E mbulojmë dhe e vendosim

në frigorifer derisa të ftohet mirë. Ky hap mund të përgatitet edhe një ditë përpara.
m) Hiqni kokrrën e vaniljes nga salca.

KUVENDI:
n) Pritini mes kores dhe anëve të tavës me një thikë të vogël të mprehtë. Hiqni anët e tavës.
o) Lugë $\frac{1}{2}$ filxhan salcë luleshtrydhe-raven mbi qendër të tortës.
p) Mblidhni luleshtrydhe të freskëta në qendër dhe zbukurojeni me degëza të freskëta nenexhiku.
q) Pritini tortën në feta dhe shërbejeni me salcë shtesë.
r) Shijoni tortën tuaj të lezetshme të akullit me limon me salcë raven me luleshtrydhe! Është një ëmbëlsirë freskuese dhe elegante.

29. Pudingu me re me limon-raven

PËRBËRËSIT:
- 1 ¼ filxhan Sheqer
- ¼ filxhan niseshte misri
- ¼ lugë çaji kripë
- 1 ¼ filxhan Ujë
- 4 Vezë të mëdha
- 1 filxhan Raven të freskët ose të ngrirë të copëtuar
- 1 lugë gjelle Lëkurë limoni e grirë
- ⅓ filxhan lëng limoni
- ¼ lugë çaji Krem Tartari

UDHËZIME:

a) Në një tenxhere 2-litërshe, kombinoni ¼ filxhan sheqer, niseshte misri dhe kripë. Përziejeni gradualisht ujin me një rrahëse teli derisa niseshteja e misrit të shpërndahet në mënyrë uniforme në ujë.

b) Ngroheni masën në zjarr mesatar, duke e përzier vazhdimisht, derisa të marrë një valë dhe të trashet për të formuar një konsistencë të ngjashme me pudingun. E heqim pudingun nga zjarri.

c) Ndani vezët duke vendosur të bardhat në një tas mesatar dhe të verdhat në një tas të vogël. Rrihni lehtë të verdhat dhe shtoni pak puding. Më pas, masën e të verdhës e kthejmë në tenxheren e pudingut duke e trazuar derisa të përzihet mirë. Palosni raven të grirë.

d) Masën e kthejmë në zjarr mesatar dhe e ngrohim derisa të vlojë duke e përzier vazhdimisht. Ulni zjarrin në minimum dhe vazhdoni zierjen, duke e përzier herë pas here, derisa raven të zbutet, gjë që duhet të zgjasë rreth 5 minuta.

e) E heqim pudingun nga zjarri. Përzieni lëkurën e grirë të limonit dhe lëngun e limonit. Hidheni pudingun në një tas ose tavë të cekët 1½ litërshe kundër furrës.

f) Ngrohni furrën tuaj në 350°F (175°C).

g) Duke përdorur një mikser elektrik me shpejtësi të lartë, rrihni të bardhat e vezëve të rezervuara dhe kremin e tartarit derisa të bëhen të lehta dhe me gëzof.

h) Rrihni gradualisht gjysmën e mbetur të filxhanit sheqer derisa të formohet një beze e fortë dhe majat të mbajnë formën e tyre kur rrahësi ngrihet ngadalë.

i) Përhapeni marengën mbi puding, duke u siguruar që të mbyllet në buzë të tasit. Mund të krijoni maja dekorative mbi marengën.

j) Piqeni në furrën e nxehur më parë për 12 deri në 15 minuta ose derisa marenga të marrë ngjyrë kafe të artë.

k) Pudingun mund ta servirni te ngrohte ose ta lini te ftohet ne temperature ambjenti dhe me pas ta fusni ne frigorifer qe ta servirni te ftohte.

l) Shijoni pudingun tuaj të shijshëm me re me limon-raven! Është një ëmbëlsirë e lezetshme me një ekuilibër të përsosur të shijeve të ëmbla dhe të lezetshme.

30. Byrek tofu me limon me raven

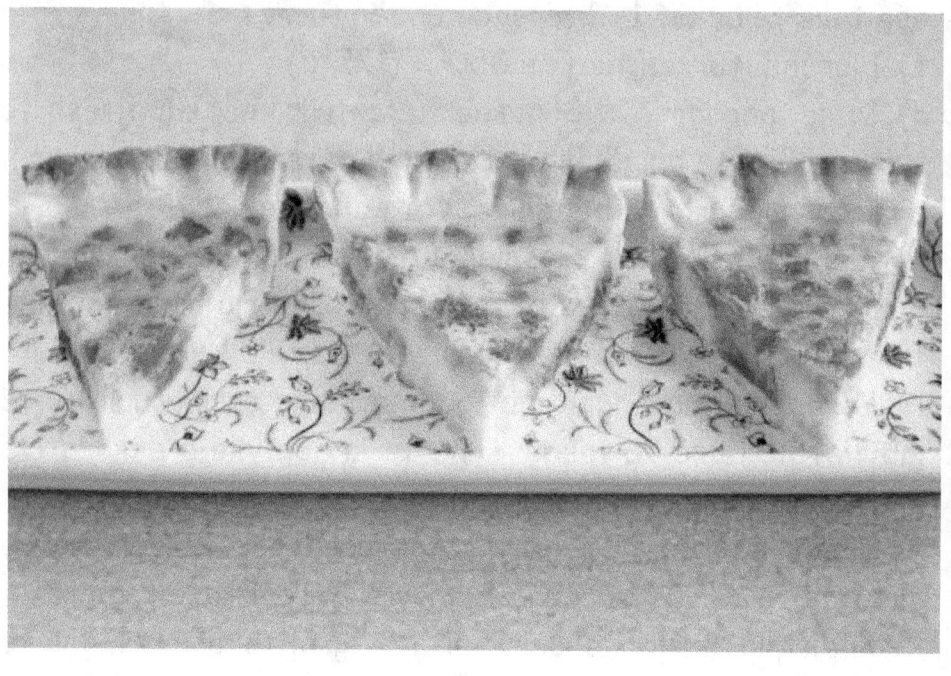

PËRBËRËSIT:
- 5 kërcell raven, të larë,
- 1 mollë Granny Smith, e qëruar
- Dhjetëra luleshtrydhe të mëdha
- 6 ons Tofu i fortë (me yndyrë të reduktuar).
- Lëng nga ½ limoni
- ¼ filxhan + 2 T sheqer
- 2 lugë miell gruri integral
- 2 lugë çaji Sheqer + 2 t grurë
- Miell

UDHËZIME:
a) Në një tenxhere orizi shtoni pak ujë dhe kërcellet e ravenit të grira. Gatuani të mbuluara për disa minuta. Shtoni mollën e prerë në kubikë, luleshtrydhet dhe ¼ c sheqer

b) Pure tofu në një përpunues ushqimi ose grirëse, deri sa shumë të butë. Shtoni lëngun e limonit, 2 T sheqer, 2 T miell gruri dhe përpunoni derisa të përzihet mirë.

c) Lyejeni një tepsi për byrekun 8" me vaj dhe spërkateni për t'u lyer me një përzierje sheqeri dhe miell gruri të plotë, rreth 2 t secila. Përhapeni përzierjen e tofu-së në tepsinë e byrekut. Piqini në 400 F për disa minuta.

d) Hidheni përzierjen e ravenit në një sitë të imët dhe kullojini lëngjet. Hedhim masën e mbetur të ravenit mbi tofu me limon të pjekur.

31. Sherbeti i limonit

PËRBËRËSIT:
- 1 filxhan me leng limoni te saposhtrydhur
- 1 gotë ujë
- 1 filxhan sheqer të grimcuar

UDHËZIME:
a) Në një tenxhere bashkojmë ujin dhe sheqerin. Ngroheni në zjarr mesatar derisa sheqeri të tretet plotësisht, duke krijuar një shurup të thjeshtë.

b) Lëreni shurupin e thjeshtë të ftohet në temperaturën e dhomës.

c) Përzieni lëngun e freskët të limonit të shtrydhur me shurupin e thjeshtë.

d) Hidheni përzierjen në një prodhues akulloreje dhe përzieni sipas udhëzimeve të prodhuesit.

e) Transferoni sherbetin e limonit në një enë hermetike dhe ngrijeni për disa orë derisa të forcohet.

f) Shërbejeni një lugë të vogël sherbet limoni ndërmjet pjatave për të pastruar qiellzën.

32. Mini Tartlets Limon

PËRBËRËSIT:
PËR GOACAT TART:
- 1 ¼ filxhan miell për të gjitha përdorimet
- ¼ filxhan sheqer pluhur
- ½ filxhan gjalpë pa kripë, të ftohtë dhe të prerë në kubikë

PËR MBUSHJEN E LIMONIT:
- ¾ filxhan sheqer të grimcuar
- 2 lugë niseshte misri
- ¼ lugë çaji kripë
- 3 vezë të mëdha
- ½ filxhan lëng limoni të saposhtrydhur
- Lëkura e 2 limonave
- ¼ filxhan gjalpë pa kripë, të prerë në kubikë

UDHËZIME:
a) Në një procesor ushqimi, bashkoni miellin dhe sheqerin pluhur. Shtoni gjalpin e ftohtë, të prerë në kubikë dhe pulsoni derisa masa të ngjajë me thërrime të trashë.

b) Shtypeni përzierjen në mini tepsi, duke mbuluar në mënyrë të barabartë pjesën e poshtme dhe anët. Shponi fundet me një pirun.

c) Ftohni lëvozhgat e tartës në frigorifer për rreth 30 minuta.

d) Ngrohni furrën tuaj në 350°F (175°C).

e) Piqni lëvozhgat e tartës për 12-15 minuta ose derisa të marrin ngjyrë kafe të artë. Lërini të ftohen plotësisht.

f) Në një tenxhere, rrihni së bashku sheqerin, niseshtën e misrit dhe kripën. Rrihni gradualisht vezët, lëngun e limonit dhe lëkurën e limonit.

g) Ziejeni përzierjen në zjarr mesatar-të ulët, duke e përzier vazhdimisht derisa të trashet, rreth 5-7 minuta.

h) Hiqeni nga zjarri dhe përzieni gjalpin e prerë në kubikë derisa të jetë homogjen.

i) Mbushni lëvozhgat e ftohura të tartës me mbushjen e limonit.

j) Lëreni në frigorifer për të paktën 1 orë përpara se ta shërbeni. Sipas dëshirës, pudrosni me sheqer pluhur përpara se ta shërbeni.

k) Shijoni Mini Tartlets tuaj Limon!

33. Parfetë me byrekë me beze limoni

PËRBËRËSIT:

- 4 te bardha veze te medha
- 1 filxhan sheqer të grimcuar
- 1 lugë çaji niseshte misri
- 1 lugë çaji ekstrakt vanilje
- 1 ½ filxhan gjizë limoni
- 1 ½ filxhan krem pana
- Lëkura e limonit për zbukurim

UDHËZIME:

a) Në një tas të pastër, rrihni të bardhat e vezëve me shpejtësi të lartë derisa të formohen maja të buta.
b) Shtoni gradualisht sheqerin duke vazhduar rrahjen derisa të formohen maja të forta dhe me shkëlqim.
c) Hidhni butësisht ekstraktin e niseshtës së misrit dhe vaniljes.
d) Hidhni me lugë përzierjen e bezes në një qese tubacioni të pajisur me një majë ylli.
e) Në gota ose tasa për servirje, shtroni gjizën me limon, kremin e rrahur dhe marengën.
f) Përsëritni shtresat derisa të mbushen gotat, duke përfunduar me një shtresë beze sipër.
g) Opsionale: Përdorni një pishtar kuzhine për të skuqur lehtë marengën.
h) Dekoroni me lekuren e limonit.
i) Shërbejeni menjëherë ose vendoseni në frigorifer derisa të jeni gati për t'u shërbyer.
j) Shijoni parfetë e byrekut me beze me limon!

34. Limon dhe livando flan

PËRBËRËSIT:
- 1 filxhan sheqer
- 1 ½ filxhan krem të rëndë
- ½ filxhan qumësht të plotë
- 6 vezë të mëdha
- ¼ lugë çaji kripë
- ¼ filxhan lëng limoni të freskët
- 1 luge gjelle lekure limoni
- 2 lugë çaji lule të thata livando
- Krem pana dhe lule shtesë livande për servirje

UDHËZIME:
a) Ngrohni furrën në 325°F.

b) Në një tenxhere mesatare ngrohim sheqerin në zjarr mesatar, duke e përzier vazhdimisht derisa të shkrihet dhe të marrë ngjyrë kafe të artë.

c) Hidhni sheqerin e shkrirë në një kallëp prej 9 inç, duke e rrotulluar për të veshur pjesën e poshtme dhe anët e mykut.

d) Në një tenxhere të vogël, ngrohni kremin e trashë, qumështin e plotë, lëngun e limonit, lëkurën e limonit dhe lulet e livandës mbi nxehtësinë mesatare, duke i përzier vazhdimisht derisa të ziejë.

e) Në një tas të veçantë, përzieni vezët dhe kripën.

f) Hidhni ngadalë masën e kremës së nxehtë në përzierjen e vezëve, duke e përzier vazhdimisht.

g) Kullojeni përzierjen përmes një sitë me rrjetë të imët dhe derdhni në kallëp flan.

h) Vendoseni kallëpin në një enë të madhe pjekjeje dhe mbusheni enën me ujë të nxehtë të mjaftueshëm për të ardhur deri në gjysmë të anëve të kallëpit.

i) Piqni për 50-60 minuta ose derisa peta të jetë e vendosur dhe të lëkundet pak kur tundet.

j) Hiqeni nga furra dhe lëreni të ftohet në temperaturën e dhomës përpara se ta vendosni në frigorifer për të paktën 2 orë ose gjatë natës.

k) Për ta shërbyer, kaloni një thikë rreth skajeve të kallëpit dhe kthejeni atë në një pjatë servirjeje. Shërbejeni me krem pana dhe një spërkatje me lule livande.

35. Limon Zabaglione

PËRBËRËSIT:
- 2 vezë të mëdha
- 6 te verdha veze te medha
- 1 filxhan sheqer
- 1 luge gjelle lekure limoni te grire
- $\frac{1}{4}$ filxhan lëng limoni të freskët
- $\frac{1}{2}$ filxhan i ëmbël Madeira, krem sheri ose port rubin

UDHËZIME:
a) Në pjesën e sipërme të një kazani të dyfishtë, bashkoni vezët e plota, të verdhat e vezëve dhe sheqerin. Rrahim përzierjen derisa të bëhet e lehtë dhe e trashë.
b) Në përzierjen e vezëve shtoni lëvoren e grirë të limonit, lëngun e freskët të limonit dhe Madeira të ëmbël, krem sheri ose rubin.
c) Vendoseni bojlerin e dyfishtë mbi ujin e zierjes, duke siguruar që fundi i tavës së përzierjes së vezëve të mos prekë ujin që ziehet.
d) Vazhdoni të rrihni dhe përzieni përzierjen mbi ujin e zier derisa të trefishohet në vëllim dhe të bëhet i nxehtë në prekje. Kjo duhet të zgjasë disa minuta.
e) Pasi zabaglione të jetë trashur dhe rritur në vëllim, hiqeni nga zjarri.
f) Ndani zabaglione limoni midis gotave me kërcell të gjatë.
g) Shërbejeni menjëherë për të shijuar mirësinë e lezetshme të limonit.

36. Tortë me limon Meyer me kokë poshtë

PËRBËRËSIT:
- ¼ filxhan (57 gram) gjalpë pa kripë
- ¾ filxhan (165 gram) sheqer të paketuar kafe
- 3 limonë Meyer, të prera në feta ¼ inç të trashë
- 1 ½ filxhan (195 gram) miell për të gjitha përdorimet
- 1 ½ lugë çaji pluhur pjekjeje
- ¼ lugë çaji sodë buke
- ½ lugë çaji kripë kosher
- ¼ lugë çaji arrëmyshk i freskët i bluar
- ½ lugë çaji xhenxhefil i bluar
- ¼ lugë çaji kardamom i bluar
- 1 filxhan (200 gram) sheqer të grimcuar
- 2 lugë çaji lëvore limoni
- ½ filxhan (114 gram) gjalpë pa kripë, temperaturë dhome
- 2 lugë çaji ekstrakt vanilje
- 2 vezë të mëdha, në temperaturë ambienti
- ¾ filxhan dhallë

UDHËZIME:
a) Ngroheni furrën në 350 gradë Fahrenheit (175 gradë Celsius). Vendoseni tavën e rrumbullakët 9 inç për kekun në furrë me ¼ filxhan gjalpë të prerë në copa. Shkrijeni gjalpin në tigan derisa sapo të shkrihet. Lyejeni gjalpin e shkrirë në anët e tavës duke përdorur një furçë pastiçerie. Spërkateni në mënyrë të barabartë sheqerin kafe të paketuar mbi gjalpin e shkrirë.

b) Vendosni fetat e limonit Meyer sipër sheqerit kaf, duke i mbivendosur sipas nevojës.

c) Në një tas mesatar, përzieni miellin për të gjitha përdorimet, pluhurin për pjekje, sodën e bukës, kripën kosher, arrëmyshkun e freskët të bluar, xhenxhefilin e bluar dhe kardamomin e bluar derisa të kombinohen mirë.

d) Në tasin e një mikseri vendosim sheqerin e grirë. Shtoni lëkurën e limonit sipër sheqerit dhe fërkojeni lëkurën në sheqer duke përdorur gishtat. Shtoni në sheqer gjalpin e pakripur në temperaturën e dhomës dhe ekstraktin e vaniljes. Rrihni përzierjen me shpejtësi mesatare derisa të jetë e lehtë dhe me gëzof, afërsisht 3 deri në 4 minuta.

e) Shtoni vezët një nga një, duke i rrahur mirë pas çdo shtimi.

f) Shtoni gjysmën e përzierjes së miellit në përzierjen e gjalpit dhe sheqerit. Përziejini me shpejtësi të ulët derisa të kombinohen mirë. Mund të ketë pak miell në anët e tasit, gjë që është në rregull.

g) Hidhni dhallën dhe përzieni me shpejtësi mesatare derisa të bashkohet.

h) Shtoni masën e mbetur të miellit dhe përzieni me shpejtësi të ulët derisa të bashkohet. Grini anët dhe fundin e tasit me një shpatull dhe përzieni edhe për 10 sekonda të tjera për t'u siguruar që të gjithë përbërësit të jenë kombinuar mirë.

i) Hidheni butësisht brumin mbi limonët e prerë në tavë për kek dhe lëmoni sipër me një shpatull offset.

j) Piqni tortën në furrën e nxehur më parë për afërsisht 45 minuta ose derisa testuesi i tortës të dalë i pastër kur futet në qendër të tortës.

k) E lemë kekun të ftohet në tepsi për 10 minuta. Kaloni një thikë rreth skajeve për të çliruar tortën, më pas përmbyseni atë në një pjatë. Fetat e limonit Meyer të karamelizuara bukur do të jenë sipër tortës.

l) Shijoni këtë tortë të lezetshme Meyer me limon me kokë poshtë me bizhuteritë e saj shkëlqyese të agrumeve sipër!

37. Pots limoni de krem

PËRBËRËSIT:

- 2 limonë të mesëm
- ⅔ filxhan sheqer të grimcuar
- 1 vezë
- 4 te verdha veze
- 1 ¼ filxhan krem të rëndë
- 5 lugë çaji sheqer ëmbëlsirash
- 6 manushaqe të ëmbëlsuara (opsionale)

UDHËZIME:

a) Ngrohni furrën në 325°F (165°C).
b) Grini lëkurën e limonit në rende për të marrë afërsisht 1 lugë çaji lëvore limoni. Shtrydhni limonët për të nxjerrë ½ filxhan lëng limoni.
c) Në një tas përziejini së bashku sheqerin e grirë, vezët dhe të verdhat e vezëve derisa të kombinohen mirë.
d) Rrihni gradualisht kremin e trashë derisa sheqeri të jetë tretur plotësisht.
e) Kaloni përzierjen përmes një sitë për të siguruar një krem të butë dhe pa gunga. Përzieni lëkurën e limonit për të mbushur përzierjen me aromë limoni.
f) Vendosni gjashtë enë ½ filxhani me krem ose pjata sufle në një enë pjekjeje të thellë.
g) Ndani në mënyrë të barabartë përzierjen e limonit midis gjashtë tenxhereve me krem.
h) Hidhni me kujdes ujin e nxehtë të rubinetit në enën e pjekjes që të arrijë ½ inç nga sipër e tenxhereve. Kjo banjë me ujë do t'i ndihmojë kremrat të gatuhen në mënyrë të barabartë.
i) Piqini kremrat, të pambuluara, në furrën e nxehur më parë për rreth 35 deri në 40 minuta, ose derisa të

vendosen në qendër. Kremrat duhet të kenë një lëkundje të lehtë në qendër kur tunden butësisht.

j) Pasi të keni përfunduar, hiqni me kujdes enët e kremës nga banja me ujë dhe lërini mënjanë që të ftohen plotësisht.

SHËRBIMI:

k) Përpara se ta shërbeni, pluhurosni sipërfaqen e çdo kremi me sheqer ëmbëlsirash për të shtuar një prekje të ëmbël dhe për të përmirësuar paraqitjen.

l) Sipas dëshirës, zbukurojeni çdo tenxhere kremi me një vjollcë të ëmbëlsuar për një dekorim elegant dhe plot ngjyra.

m) Shërbejini tenxheret me Lemon de Creme të ftohta dhe shijoni shijet e lezetshme agrume dhe kremoze.

38. Makarona franceze me limon

PËRBËRËSIT:
PËR GOACAT E MAKARONËS:
- 100 gr miell bajame super të imta
- 75 g sheqer pluhur
- 70 g (1/3 filxhan) të bardha veze, në temperaturë ambienti
- 1/4 lugë çaji krem tartar, sipas dëshirës
- 1/4 lugë çaji kripë e trashë kosher
- 75 g sheqer të grimcuar super të imët
- 1/2 lugë çaji lëng limoni të freskët
- Ngjyrosje ushqimore me xhel të verdhë
- 1 lugë çaji lëvore limoni

PËR GJALPIN LIMONI:
- 80 gr gjalpë pa kripë, në temperaturë ambienti
- 130 gr sheqer pluhur i situr
- 1 lugë gjelle lëng limoni të freskët
- 1 lugë çaji lëvore limoni
- 1/8 lugë çaji kripë e trashë kosher

UDHËZIME:
PËR TË BËRË GOACAT MAKARONE:
a) Rreshtoni 2 fletët e pjekjes me letër pergamene ose dyshekë silikoni. (Për qarkullim të barabartë të ajrit, ktheni fletët e pjekjes me kokë poshtë.)

b) Shosh miellin e bajameve dhe sheqerin pluhur së bashku dy herë. Nëse në sitës kanë mbetur deri në 2 lugë gjelle përbërës të thatë të trashë, nuk keni nevojë ta zëvendësoni; thjesht hidhini ato copa.

c) Në një tas të pastër përzierjeje me një rrahëse rrihni të bardhat e vezëve me shpejtësi mesatare-të ulët derisa të bëhet shkumë.

d) Të bardhat e vezëve shtoni kremin e tartarit dhe kripën dhe vazhdoni t'i përzieni.

e) Ngadalë shtoni sheqer të grirë nga një lugë gjelle derisa mikser është duke punuar. Lëreni sheqerin të shpërndahet pas çdo shtimi.

f) Pasi beza të arrijë majat e buta, shtoni lëng limoni dhe disa pika ngjyrues ushqimor xhel të verdhë.

g) Vazhdoni të rrihni të bardhat e vezëve me shpejtësi mesatare-të ulët derisa të formohen maja të forta. Meringa duhet të ngrihet në brendësi të kamxhikut dhe kur ta ngrini kamxhikun, duhet të mbajë një fund të mprehtë dhe të ketë brinjë të mprehta.

h) Shtoni lëkurën e limonit në marengë dhe rrihni për rreth 30 sekonda të tjera.

i) Shosh përzierjen e miellit të bajameve në marengë. Palosni përbërësit e thatë në marengë duke përdorur një shpatull silikoni derisa të përfshihen plotësisht. Pastaj vazhdoni të palosni brumin derisa të rrjedhë mjaftueshëm për të nxjerrë një figurë tetë. Provoni brumin duke hedhur një sasi të vogël në tas; nëse majat shpërndahen në brumë vetë për rreth 10 sekonda, është gati. Kini kujdes që të mos e palosni shumë brumin.

j) Transferoni brumin në një qese pastiçerie të pajisur me një majë të rrumbullakët.

k) Mbajeni qesen e ëmbëlsirave në një kënd prej 90° dhe tuboni rreth 1,5 inç rreth 1 inç larg njëra-tjetrës në fletët e përgatitura të pjekjes. Prekni fletët e pjekjes fort në banak për të hequr qafe çdo flluskë ajri.

l) Lërini makaronat të qëndrojnë në banak për të paktën 15-30 minuta, derisa brumi të mos ngjitet në gisht kur prekeni lehtë.

m) Ngrohni furrën në 300°F (150°C).

n) Piqni një tepsi me makarona në raftin e mesëm për rreth 15-18 minuta. Makaronat e gatuara duhet të jenë të forta në prekje dhe baza nuk duhet të lëvizë.

o) Ftoheni plotësisht makaronat dhe më pas i hiqni nga letra e pergamenës.

PËR TË BËRË GJALLË LIMONI:

p) Në një tas përzierës me një shtojcë kamxhik, rrihni gjalpin derisa të bëhet me gëzof.

q) Shtoni sheqerin pluhur, lëngun e limonit, lëkurën e limonit dhe kripën dhe i rrahim derisa të bashkohen mirë.

r) Transferoni kremin e gjalpit në një qese pastiçerie të pajisur me majë të rrumbullakët ose me majë ylli.

PËR TË MBLEDHUR MAKARONA:

s) Lidhni lëvozhgat e makaronave të ftohura sipas madhësisë dhe renditini në një raft teli, me lëvozhgat e poshtme të përmbysura.

t) Vendosni një tufë me gjalpë limoni në lëvozhgat e poshtme dhe vendoseni lëvozhgën e sipërme mbi mbushje, duke e shtypur lehtë për të përhapur mbushjen deri në skajet.

u) Ruani makaronat e mbushura në një enë hermetike në frigorifer për të paktën 24 orë për t'u pjekur, duke lejuar që mbushja të zbutet dhe t'i japë shije lëvozhgave.

v) Për t'i shërbyer, nxirrni makaronat rreth 30 minuta para se t'i shërbeni.

w) Ruani makaronat në frigorifer në një enë hermetike deri në 5 ditë ose ngrini deri në 6 muaj.

39. Tortë brulée me limon

PËRBËRËSIT:
PËR KOREN:
- 1 ½ filxhan thërrime graham krisur
- 6 lugë gjalpë pa kripë, të shkrirë
- ¼ filxhan sheqer të grimcuar

PËR MBUSHJE:
- 4 te verdha veze
- 1 kanaçe (14 ons) qumësht i kondensuar i ëmbëlsuar
- ½ filxhan lëng limoni të freskët
- 1 luge gjelle lekure limoni te grire

PËR SIPERIN:
- Sheqer i grimcuar, për karamelizimin

UDHËZIME:
a) Ngrohni furrën tuaj në 350°F (175°C).

b) Në një tas, kombinoni thërrimet Graham cracker, gjalpin e shkrirë dhe sheqerin. Shtypeni përzierjen në fund dhe lart në anët e një tave për tartë.

c) Në një tas të veçantë, rrihni së bashku të verdhat e vezëve, qumështin e kondensuar të ëmbëlsuar, lëngun e limonit dhe lëkurën e limonit derisa të kombinohen mirë.

d) Hidhni mbushjen e limonit në koren e përgatitur.

e) Piqni për rreth 15-20 minuta, ose derisa mbushja të jetë e vendosur.

f) E heqim nga furra dhe e leme te ftohet ne temperature ambjenti. Më pas vendoseni në frigorifer për të paktën 2 orë ose derisa të ftohet.

g) Pak para se ta servirni, spërkatni sipër tartës një shtresë të hollë sheqer të grirë. Përdorni një pishtar kuzhine për të karamelizuar sheqerin derisa të formojë një kore krokante.

h) Lëreni sheqerin të forcohet për disa minuta, më pas priteni në feta dhe shërbejeni.

40. Lemon Ice Brulée me karamele me gjalpë

PËRBËRËSIT:
- 1 filxhan krem të rëndë
- 1 filxhan qumësht i plotë
- 4 te verdha veze
- ½ filxhan sheqer të grimcuar
- 1 luge gjelle lekure limoni te grire
- ¼ filxhan lëng limoni
- ½ filxhan copa kafeje
- Sheqer i grimcuar, për karamelizimin
- Mjedra, për të shërbyer

UDHËZIME:
a) Në një tenxhere, ngrohni kremin e trashë, qumështin e plotë dhe lëkurën e limonit në zjarr mesatar derisa të fillojë të ziejë. Hiqeni nga zjarri.

b) Në një tas të veçantë, përzieni të verdhat e vezëve, sheqerin dhe lëngun e limonit derisa të kombinohen mirë.

c) Hidhni ngadalë masën e kremës së nxehtë në përzierjen e të verdhës së vezës, duke e trazuar vazhdimisht.

d) E kthejmë përzierjen në tenxhere dhe e kaurdisim në zjarr të ulët duke e përzier vazhdimisht derisa të trashet dhe të mbulojë pjesën e pasme të një luge. Mos e lini të vlojë.

e) Hiqeni nga zjarri dhe lëreni përzierjen të ftohet në temperaturën e dhomës. Më pas vendoseni në frigorifer për të paktën 4 orë ose gjatë gjithë natës.

f) Hidheni përzierjen e ftohur në një prodhues akulloreje dhe përzieni sipas udhëzimeve të prodhuesit.

g) Gjatë minutave të fundit të përvëlimit, shtoni copat e kafesë dhe vazhdoni t'i përzieni derisa të shpërndahen në mënyrë të barabartë.

h) Transferoni akulloren e grirë në një enë dhe ngrijeni për të paktën 2 orë që të forcohet.

i) Pak para se ta servirni, spërkatni një shtresë të hollë sheqeri të grimcuar sipër çdo shërbimi. Përdorni një pishtar kuzhine për të karamelizuar sheqerin derisa të formojë një kore krokante.

j) Lëreni sheqerin të forcohet për disa minuta, më pas shërbejeni dhe shijojeni.

41. Xhelato me gjizë limoni

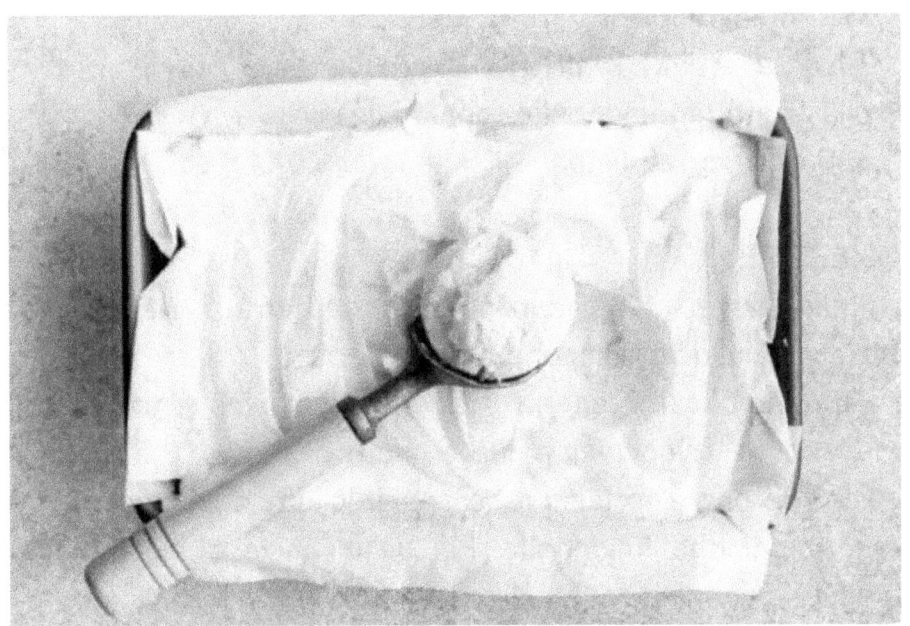

PËRBËRËSIT:

- 500 ml Krem dopio
- 395 ml me qumësht të kondensuar
- 2 lugë ekstrakt vanilje
- 2 lugë gjelle Limoncello (opsionale)
- 320 gram gjizë limoni

UDHËZIME:

a) Hidhni kremin, qumështin dhe vaniljen në një tas dhe përzieni derisa të formohen maja të buta.
b) Hidheni përzierjen në një enë të ngrirë dhe më pas vendoseni në frigorifer për një orë.
c) Pas një ore e nxjerrim nga ngrirja dhe e përziejmë me gjizë limoni dhe limoncello. Përziejini mirë dhe vendoseni përsëri në frigorifer për 4 orë të tjera.
d) Hiqeni nga ngrirja dhe shërbejeni.

42. Tortë me limon me huall mjalti

PËRBËRËSIT:
PËR tortën:
- 2 gota miell për të gjitha përdorimet
- 2 lugë çaji pluhur pjekjeje
- ½ lugë çaji sodë buke
- ¼ lugë çaji kripë
- ½ filxhan gjalpë pa kripë, i zbutur
- 1 filxhan sheqer të grimcuar
- 3 vezë të mëdha
- Lëkura e 2 limonave
- ¼ filxhan lëng limoni të freskët
- ½ filxhan dhallë
- ¼ filxhan mjaltë
- 1 lugë çaji ekstrakt vanilje

PËR MBUSHJEN E MJAFTIT:
- 1 filxhan karamele me huall mjalti, e grimcuar në copa të vogla

PËR glazurën e limonit:
- 1 filxhan sheqer pluhur
- 2 lugë gjelle lëng limoni të freskët

UDHËZIME:
a) Ngrohni furrën tuaj në 350°F (175°C). Lyejmë dhe lyejmë me miell një tepsi të rrumbullakët 9 inç për kek.
b) Në një tas mesatar, përzieni miellin, pluhurin për pjekje, sodën e bukës dhe kripën. Le menjane.
c) Në një tas të madh përzierjeje, kremini së bashku gjalpin e zbutur dhe sheqerin e grimcuar derisa të bëhen të lehta dhe me gëzof.
d) Rrihni vezët një nga një, pasuar nga lëkura e limonit dhe lëngu i limonit.

e) Shtoni dhallën, mjaltin dhe ekstraktin e vaniljes në përzierjen e gjalpit dhe përzieni derisa të kombinohen mirë.

f) Gradualisht shtoni përbërësit e thatë tek përbërësit e lagësht, duke i përzier derisa të përfshihen. Kini kujdes të mos përzieni shumë.

g) Hedhim gjysmën e brumit të kekut në tavën e përgatitur për kekun duke e shpërndarë në mënyrë të barabartë.

h) Spërkatni karamele me huall mjalti të grimcuar mbi brumë, duke siguruar një shpërndarje të barabartë.

i) Derdhni brumin e mbetur të tortës mbi shtresën e karamele me huall mjalti, duke e përhapur atë për të mbuluar mbushjen.

j) Piqeni në furrën e nxehur më parë për 30-35 minuta, ose derisa një kruese dhëmbësh e futur në qendër të dalë e pastër.

k) E heqim kekun nga furra dhe e leme te ftohet ne tepsi per 10 minuta, me pas e kalojme ne nje rafte teli qe te ftohet plotesisht.

l) Ndërsa ëmbëlsira është duke u ftohur, përgatisni glazurën e limonit duke përzier sheqerin pluhur dhe lëngun e freskët të limonit derisa të jetë homogjen.

m) Pasi torta të jetë ftohur, hidhni glazurën e limonit mbi pjesën e sipërme të tortës.

n) Pritini dhe shërbejeni tortën e shijshme me limon me huall mjalti.

43. Mus gjizë limoni

PËRBËRËSIT:
- ½ filxhan krem i rëndë
- ½ filxhan gjizë limoni, e përgatitur
- Boronica të freskëta, të lara dhe të thara
- Degëza të freskëta menteje, për zbukurim

UDHËZIME:
a) Me rrahëse të ftohta rrihni ajkën e trashë derisa të trashet. Palosni kremin e rrahur në gjizën e limonit.

b) Ose përzieni shkumën e limonit në boronica.

c) Ose, shtresoni shkumë, boronica të freskëta dhe shkumë në një gotë vere; zbukurojeni me nenexhik të freskët.

44. Semifredo me limon

PËRBËRËSIT:

- 4 te verdha veze
- ½ filxhan sheqer të grimcuar
- 1 filxhan krem të rëndë
- Lëkura e 2 limonave
- 1 lugë gjelle gjethe rozmarine të freskëta, të grira imët

UDHËZIME:

a) Në një tas të madh përzierjeje, përzieni të verdhat e vezëve dhe sheqerin derisa të zbehet dhe të bëhet krem.
b) Në një tas të veçantë, rrihni kremin e trashë derisa të formohen maja të buta.
c) Palosni butësisht lëkurën e limonit dhe rozmarinën e copëtuar në kremin e rrahur.
d) Gradualisht, përzierjen e kremës së rrahur e shtoni në masën e të verdhës së vezës, duke e palosur lehtë derisa të bashkohet mirë.
e) Hidheni përzierjen në një tavë për bukë ose në ramekina individuale.
f) Ngrijeni për të paktën 6 orë ose gjatë natës.
g) Për ta servirur, hiqeni nga ngrirja dhe lëreni në temperaturën e dhomës për disa minuta përpara se ta prisni në feta.

45. Sanduiçe me akullore me limon

PËRBËRËSIT:
- 1 ½ filxhan miell për të gjitha përdorimet
- ½ lugë çaji sodë buke
- ¼ lugë çaji kripë
- ½ filxhan gjalpë pa kripë, i zbutur
- ½ filxhan sheqer të grimcuar
- ½ filxhan sheqer kaf të paketuar
- 1 vezë e madhe
- 1 lugë çaji ekstrakt vanilje
- Lëkura e 1 limoni
- 1-litër akullore limoni

UDHËZIME:
a) Ngrohni furrën tuaj në 375°F (190°C) dhe vendosni një fletë pjekjeje me letër pergamene.
b) Në një tas, përzieni miellin, sodën e bukës dhe kripën.
c) Në një tas të veçantë përzierës, kremini së bashku gjalpin e zbutur, sheqerin e grirë dhe sheqerin kaf derisa të bëhen të lehta dhe me gëzof. Shtoni vezën, ekstraktin e vaniljes dhe lëkurën e limonit dhe përziejini derisa të kombinohen mirë.
d) Gradualisht shtoni përbërësit e thatë në përzierjen e gjalpit dhe përzieni derisa të kombinohen. Palosni butësisht boronicat e freskëta.
e) Hidhni lugë të rrumbullakosura brumi në fletën e përgatitur të pjekjes, duke i vendosur ato rreth 2 inç larg njëra-tjetrës. Rrafshoni pak me pëllëmbën e dorës çdo top brumi.
f) Piqni për 10-12 minuta ose derisa skajet të marrin ngjyrë kafe të artë. Lërini biskotat të ftohen plotësisht.

g) Merrni një lugë akullore me limon dhe vendoseni në mes të dy biskotave.

h) Vendosini sanduiçet e akullores në frigorifer për të paktën 1 orë që të forcohen përpara se t'i shërbeni.

GLAZE DHE BRIME

46. Glaze limoni

PËRBËRËSIT:

- 1 filxhan sheqer pluhur
- 2 lugë gjelle lëng limoni të saposhtrydhur
- 1 lugë çaji lëvore limoni

UDHËZIME:

a) Në një tas të vogël, përzieni sheqerin pluhur, lëngun e limonit dhe lëkurën e limonit derisa të jenë të lëmuara.

b) Rregulloni konsistencën duke shtuar më shumë sheqer pluhur ose lëng limoni sipas nevojës.

c) Hidhni glazurën e limonit mbi ëmbëlsirën tuaj dhe lëreni të qëndrojë përpara se ta shërbeni.

47. Glaze me limonadë me mjedër

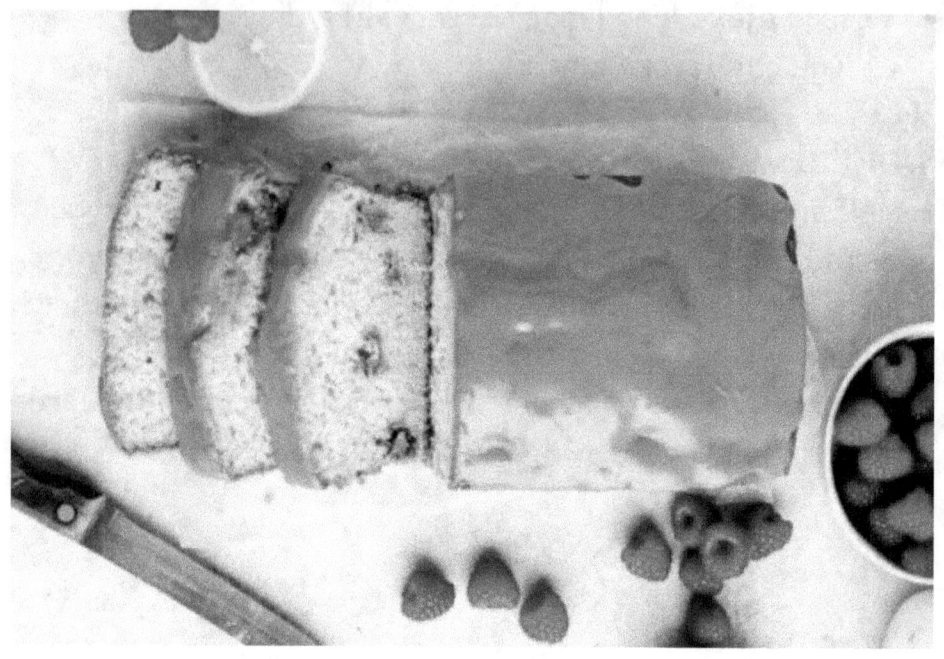

PËRBËRËSIT:

- 1 filxhan sheqer pluhur
- 2 lugë pure me mjedër (të kulluar)
- 1 lugë gjelle lëng limoni të saposhtrydhur
- Lëkura e limonit (opsionale, për zbukurim)

UDHËZIME:

a) Në një tas të vogël, përzieni sheqerin pluhur, purenë e mjedrës dhe lëngun e limonit derisa të jenë të lëmuara.

b) Rregulloni konsistencën duke shtuar më shumë sheqer pluhur ose pure mjedër sipas nevojës.

c) Hidhni glazurën e limonadës së mjedrës mbi ëmbëlsirën tuaj dhe spërkatni me lëkurë limoni, nëse dëshironi.

d) Lëreni glazurën të qëndrojë përpara se ta shërbeni.

48. Frosting me gjalpë limoni

PËRBËRËSIT:
- 1 filxhan gjalpë pa kripë, i zbutur
- 4 gota sheqer pluhur
- 2 lugë gjelle lëng limoni të saposhtrydhur
- 1 luge gjelle lekure limoni
- 1 lugë çaji ekstrakt vanilje

UDHËZIME:
a) Në një tas, krekojeni gjalpin e zbutur derisa të jetë homogjen.
b) Gradualisht shtoni sheqerin pluhur, rreth 1 filxhan në të njëjtën kohë, dhe përzieni mirë pas çdo shtimi.
c) Shtoni lëngun e limonit, lëkurën e limonit dhe ekstraktin e vaniljes në përzierjen e gjalpit. Përziejini derisa të bëhet një masë e butë dhe kremoze.
d) Rregulloni konsistencën duke shtuar më shumë sheqer pluhur për një krem më të fortë ose më shumë lëng limoni për një krem më të hollë.
e) Përhapeni ose lyejeni kremin me gjalpë limoni mbi ëmbëlsira ose kek të ftohta.

49. Frosting me farat e lulekuqes së limonit

PËRBËRËSIT:

- 1 filxhan gjalpë pa kripë, i zbutur
- 4 gota sheqer pluhur
- 2 lugë gjelle lëng limoni të saposhtrydhur
- 2 lugë çaji lëvore limoni
- 1 lugë fara lulekuqe

UDHËZIME:

a) Në një tas, krekojeni gjalpin e zbutur derisa të jetë homogjen.
b) Shtoni gradualisht sheqerin pluhur, një filxhan në një herë dhe vazhdoni ta rrahni derisa të përzihet mirë.
c) Përzieni lëngun e limonit, lëkurën e limonit dhe farat e lulekuqes. Përziejini derisa të përfshihen plotësisht.
d) Përhapeni ose lyejeni kremin e farës së lulekuqes së limonit në ëmbëlsira ose kek të ftohta.

LIMONADA

50. Limonadë klasike e shtrydhur e freskët

PËRBËRËSIT:

- Lëng nga 8 limona të mëdhenj
- 6 gota ujë
- 1¼ filxhan sheqer të grimcuar
- 1 limon, i prerë në feta

UDHËZIME :

a) Në një tenxhere të madhe bashkoni lëngun e limonit me ujin dhe sheqerin.

b) I trazojmë derisa të tretet sheqeri. Lëreni në frigorifer derisa të ftohet, rreth 1 orë.

c) Hidheni limonadën mbi akull dhe shtoni një fetë limoni në secilën gotë përpara se ta shërbeni.

51. Limonadë me grejpfrut rozë

PËRBËRËSIT:

- 50 gr shurup i artë
- ¼ lugë çaji kripë Himalaje ose deti të trashë
- 4 grejpfrut rozë Florida, me lëng, me feta shtesë për servirje
- 2 limonë, të lëngshëm

UDHËZIME:

a) Në një tenxhere të vogël bashkojmë shurupin e artë dhe 100 ml ujë. Lëreni përzierjen të ziejë, duke e trazuar për të tretur sheqerin. E lemë mënjanë të ftohet.

b) Në një enë të madhe, shtoni 400 ml ujë dhe mbusheni me akull.

c) Hidhni shurupin e ftohur të sheqerit mbi akullin dhe ujin në enë.

d) Shtoni kripën e detit Himalayan ose të trashë, lëngun e grejpfrutit rozë të saposhtrydhur dhe lëngun e limonit në enë.

e) E trazojmë mirë masën që të bashkohen të gjithë përbërësit.

f) Shërbejeni limonadën me grejpfrut rozë në gota, të zbukuruar me feta grejpfrut rozë për një trajtim freskues dhe të shijshëm agrumesh. Kënaquni!

52. Mimoza me limonadë me mjedër

PËRBËRËSIT:

- 3 ons shampanjë
- 3 ons limonadë me mjedër
- Spërkatet me sheqer rozë ose të kuq
- 2-3 mjedra të freskëta

UDHËZIME:

a) Për të mbyllur gotat: Hidhni një sasi të vogël limonadë me mjedër në një pjatë ose tas të cekët. Bëni të njëjtën gjë me sheqerin rozë ose të kuq në një pjatë të veçantë.

b) Lyejeni buzën e një flauti të shampanjës në limonadën e mjedrës, duke u kujdesur që të lyeni të gjithë buzën.

c) Më pas, zhytni buzën e veshur të gotës në sheqerin me ngjyrë për të krijuar një buzë sheqeri dekorative.

d) Hidhni limonadën e mjedrës dhe shampanjën në gotën e përgatitur dhe përzieni butësisht që të përzihen shijet.

e) Hidhni 2-3 mjedra të freskëta në koktej për një shpërthim shtesë të mirësisë frutash.

f) Shërbejeni mimozat tuaja me limonadë me mjedër dhe shijoni këtë koktej të këndshëm dhe freskues gjatë mëngjesit tuaj me vajzat.

53. Spritzer me limonadë luleshtrydhe

PËRBËRËSIT:

- 1 filxhan luleshtrydhe të freskëta, të prera dhe të prera në feta
- ½ filxhan lëng limoni të freskët
- ¼ filxhan sheqer të grimcuar
- 2 gota ujë të gazuar
- Kube akulli
- Gjethet e freskëta të nenexhikut për zbukurim

UDHËZIME:

a) Në një blender, kombinoni luleshtrydhet, lëngun e limonit dhe sheqerin. Përziejini derisa të jetë e qetë.

b) Kullojeni përzierjen përmes një sitë rrjetë të imët për të hequr farat.

c) Mbushni gotat me kube akulli dhe hidhni përzierjen e luleshtrydhe-limoni mbi akull.

d) Mbi çdo gotë me ujë të gazuar dhe përziejeni butësisht.

e) E zbukurojmë me gjethe të freskëta nenexhiku dhe e shërbejmë.

54. Limonadë me fruta dragoi

PËRBËRËSIT:

- 1 frut i madh dragoi - mish rozë ose i bardhë, lëvorja e hequr
- 5 gota ujë
- $\frac{1}{2}$ filxhan nektar agave ose shurup panje
- 1 filxhan me leng limoni te saposhtrydhur

UDHËZIME:

a) Përzieni frutat e dragoit me 1 filxhan ujë deri në strukturën e dëshiruar.

b) Transferoni përzierjen e frutave të dragoit në një enë me limonadë dhe shtoni 4 gotat e mbetura me ujë, lëngun e limonit dhe ëmbëlsuesin. Përziejeni, shijoni dhe rregulloni ëmbëlsuesin dhe/ose ujin, nëse është e nevojshme.

c) Mund të shërbehet menjëherë mbi një gotë të mbushur me kube akulli.

d) E ruajmë në frigorifer të ftohet dhe e përziejmë mirë përpara se ta servirim. Kënaquni!

55. Limonadë Kivi

PËRBËRËSIT:

- 4 fruta kivi, të qëruara
- Kanaçe 12 ons me koncentrat limonadë të ngrirë, të shkrirë
- 3 gota pije të gazuara me limon-lime, të ftohur

UDHËZIME:

a) Pritini kivin në copa.

b) Përpunoni copat e frutave dhe koncentratin e limonadës në një përpunues ushqimi derisa të jenë të lëmuara.

c) Hidheni përzierjen përmes një sitë rrjetë teli në një tenxhere duke hedhur lëndët e ngurta.

d) Përzieni pijen me limon-lime pak përpara se ta shërbeni.

56. Limonadë me kefir me mjedër

PËRBËRËSIT:
- ½ filxhan me mjedra të ngrira të freskëta ose të shkrira
- ⅔ filxhan lëng limoni të saposhtrydhur
- ½ filxhan shurup agave
- 3 gota kefir

UDHËZIME:
a) Vendosni të gjithë përbërësit në një blender me shpejtësi të lartë dhe përziejini derisa të jenë homogjene.
b) Kullojeni përmes një sitë plastike në një enë. Shërbejeni mbi akull.
c) E mban per 2 dite ne frigorifer.

57. Limonadë me mjedër dhe kopër

PËRBËRËSIT:
- 8 ons ujë
- 8 ons mjedra + shtesë për zbukurim
- 4 lugë sheqer
- 1 lugë çaji fara kopër
- lëng nga 2 limona
- ujë i ftohtë

UDHËZIME:

a) Në një tenxhere ose tenxhere, bashkoni mjedrat me sheqerin, farat e koprës dhe ujin dhe ziejini në zjarr të moderuar.

b) Gatuani derisa mjedrat të bëhen tul.

c) Lëreni të ftohet në temperaturën e dhomës.

d) Përzieni përzierjen e mjedrës në një pure të lëmuar. Kullojeni dhe përzieni me lëng limoni.

e) Shërbejeni, sipër me ujë të ftohtë.

f) Dekoroni me mjedrat e rezervuara.

58. Limonadë me kumbulla

PËRBËRËSIT:

- 32 okë ujë, të ndara
- 2-3 anise të plota
- 10 ons sheqer
- 3 kumbulla të kuqe të freskëta, pa kokrra
- 2 limonë, të pastruar mirë dhe të përgjysmuar
- Kuba akulli, për servirje

UDHËZIME:

a) Në një tenxhere, kombinoni 16 ons (2 gota) ujë dhe anise.

b) Lëreni të ziejë dhe lëreni të ziejë për disa minuta për të mbushur ujin me shijen e anise. E largojmë nga zjarri dhe e lemë të ftohet.

c) Në një tenxhere të veçantë, bëni një shurup të thjeshtë duke kombinuar sheqerin me 16 ons (2 gota) ujë të mbetur.

d) Ngroheni mbi nxehtësinë mesatare, duke e përzier derisa ëmbëlsuesi të tretet plotësisht. E largojmë nga zjarri dhe e lëmë të ftohet.

e) Pasi uji i mbushur me anise dhe shurupi i thjeshtë të jenë ftohur, bashkojini në një enë.

f) Në një blender, pastroni kumbullat e kuqe të papastër deri sa të jenë të lëmuara.

g) Shtrydhni lëngun e limonëve të përgjysmuar në blender me purenë e kumbullës.

h) Shtoni përzierjen e kumbullës dhe limonit në tenxhere me ujin e mbushur me anise dhe shurupin e thjeshtë. Përziejini gjithçka mirë.

i) Ftojeni limonadën e kumbullës derisa të ftohet plotësisht.

j) Për ta servirur mbushni gotat me kube akulli dhe mbi akull hidhni limonadën e kumbullës. Zbukuroni me feta shtesë kumbulle, copa limoni ose anise yll nëse dëshironi.

k) Shijoni limonadën tuaj me kumbulla të bërë në shtëpi, një pije e këndshme dhe freskuese me një kthesë unike!

59. Limonadë me shegë

PËRBËRËSIT:

- ½ filxhan shurup i thjeshtë ose ëmbëlsues agave
- ½ filxhan lëng limoni
- 1 filxhan lëng shege
- 1 gotë ujë të ftohtë
- 1 filxhan akull i grimcuar
- Një majë kripë

PËR RIM:

- 1 copë limoni
- ¼ lugë çaji qimnon i thekur
- 1 lugë çaji sheqer
- ⅛ lugë çaji kripë

UDHËZIME:

a) Në një tas, përzieni shurupin e thjeshtë (ose ëmbëlsuesin agave), lëngun e limonit, lëngun e shegës, pak kripë dhe ujin e ftohtë derisa të kombinohen mirë.

b) Hidheni përzierjen në një tenxhere të mbushur me akull të grimcuar.

c) Për të rrethuar gotën tuaj, merrni pykën e limonit dhe fërkojeni rreth buzës së gotës për ta lyer me një shtresë të hollë lëng limoni.

d) Në një pjatë, përzieni qimnonin e thekur, sheqerin dhe kripën.

e) Zhyteni buzën e gotës në përzierjen e qimnonit-sheqer-kripës dhe e përdredhni për të mbuluar buzën.

f) Hidhni limonadën tuaj të sapobërë me shegë në gotën me buzë.

g) Shërbejeni menjëherë limonadën tuaj të gjallë dhe të ëmbël me shegë dhe shijoni këtë ndryshim freskues të limonadës klasike me shtimin e lezetshëm të shegës!

60. Limonadë gershie

PËRBËRËSIT:

- 1 kile vishnje të freskëta (lini mënjanë disa për zbukurim)
- 2 gota sheqer
- 8 gota ujë
- 6 deri në 8 limonë, plus shtesë për zbukurim

UDHËZIME:

a) Në një tenxhere të mesme, bashkoni vishnjat, sheqerin dhe 3 gota ujë.
b) Ziejini për 15 minuta, më pas lëreni të ftohet në temperaturën e dhomës.
c) Kullojeni përzierjen përmes një sitë me rrjetë të imët.
d) Lëng limoni mjaftueshëm për të dhënë 1 ½ filxhan lëng limoni.
e) Kombinoni lëngun e qershisë, lëngun e limonit dhe afërsisht 5-6 gota ujë të ftohtë (përshtateni sipas shijes tuaj).
f) Përziejini mirë dhe sipas dëshirës shtoni feta të holla limoni dhe qershi të freskëta për më shumë shije.

61. Limonadë me boronica

PËRBËRËSIT:
- 2 gota boronica të freskëta, plus shtesë për zbukurim
- 1 filxhan me leng limoni te saposhtrydhur
- ½ filxhan sheqer të grimcuar
- ¼ lugë çaji kripë
- 4 gota ujë

UDHËZIME:
a) Në një blender, kombinoni boronicat e freskëta, lëngun e limonit, sheqerin e grimcuar dhe kripën.

b) Përpunoni përzierjen derisa të kombinohet mirë, e cila duhet të zgjasë rreth 45 sekonda.

c) Hidheni përzierjen e përzier përmes një sitë me rrjetë të imët në një enë të madhe për të hequr çdo lëndë të ngurtë; hidhni lëndët e ngurta.

d) Përzieni ujin derisa të përfshihet plotësisht.

e) Ndani limonadën e boronicës në 8 gota të mbushura me akull dhe zbukurojeni me boronica shtesë nëse dëshironi.

f) Shijoni limonadën tuaj freskuese të boronicës së bërë në shtëpi!

62. Limonadë me gaz me lëng dardhe me gjemba

PËRBËRËSIT:
- Lëng nga 4 limona
- ⅓ filxhan shurup të ftohtë me gjemba
- 2 gota ujë të ftohtë të gazuar
- ½ filxhan sheqer

UDHËZIME:
a) Në një enë, kombinoni lëngun e ftohtë të limonit të shtrydhur fllad, shurupin e ftohtë të dardhës me gjemba dhe ujin e ftohtë të gazuar. Përziejini mirë për të siguruar një përzierje të njëtrajtshme.

b) Shërbejeni limonadën me gaz mbi akull dhe sipas dëshirës zbukurojeni çdo gotë me një fetë limoni.

c) Shijoni limonadën tuaj freskuese me lëng dardhe me gjemba - një pije vërtet e freskët dhe e lezetshme!

63. Limonadë me rrush të zi

PËRBËRËSIT:

- 4 gota rrush të zi pa fara
- 1 ½ filxhan sheqer, të ndarë
- 7-8 gota ujë të ftohtë, të ndara
- Lëkura e 3 limonave
- Lëng nga 7 limona (rreth 1 filxhan)

UDHËZIME:

a) Në një tenxhere të madhe bashkoni rrushin e zi, 1 filxhan ujë, 1 filxhan sheqer dhe lëkurën e limonit.

b) Ziejeni këtë përzierje në zjarr mesatar ndërsa rrushin e grini ndërsa zbuten.

c) Pasi të gjithë rrushi të jetë bërë pure, lëreni përzierjen të ziejë butësisht për 10-15 minuta shtesë për të lëshuar më shumë ngjyrë nga lëkurat e rrushit.

d) Hiqeni tenxheren nga zjarri dhe kullojeni përzierjen duke i hedhur lëndët e ngurta.

e) Shtoni përzierjen e rrushit në një enë.

f) Hidhni lëngun e limonit dhe ujin e mbetur të ftohtë dhe sheqerin. Shijoni dhe rregulloni sasinë e ujit dhe sheqerit sipas preferencës tuaj.

g) Lëreni përzierjen në frigorifer derisa të ftohet. (Ai zhvillon një aromë më të guximshme ditën tjetër.)

h) Shërbejeni limonadën tuaj të freskët të rrushit të zi mbi akull dhe shijoni shijen freskuese!

i) Shijoni këtë krijim të lezetshëm të bërë në shtëpi.

64. Limonadë Lychee

PËRBËRËSIT:

- 20 Lychees
- 1 lugë gjelle Lëng limoni
- 6 gjethe nenexhiku
- $\frac{1}{4}$ lugë çaji kripë e zezë
- 4 kube akulli

UDHËZIME:

a) Qëroni të gjitha lychees, hiqni farat dhe vendosini në një mikser ose blender. Përziejini ato në një lëng të trashë.

b) Në një gotë përzieni disa gjethe menteje me lëng limoni dhe kripë të zezë.

c) Shtoni kube akulli në gotë dhe derdhni lëngun e lychees. Përziejini mirë përpara se ta shërbeni.

d) Zbukuroni limonadën tuaj lychee me një fetë limoni anash.

e) Shijoni limonadën tuaj freskuese të Lychee të bërë në shtëpi, një mocktail i lezetshëm indian!

65. Limonada me mollë dhe kale e

PËRBËRËSIT:

- 1 filxhan spinaq
- ½ gëlqere
- 1 limon
- 1 copë xhenxhefil (i freskët)
- 2 kërcell selino (hiqni gjethet)
- 2 mollë jeshile
- 4 gjethe lakra jeshile

UDHËZIME :

a) Lani të gjitha frutat dhe perimet dhe më pas përdorni një peshqir letre për t'i tharë.

b) Qëroni gëlqeren, limonin, xhenxhefilin dhe mollët.

c) Pritini të gjithë përbërësit në copa që do të përshtaten në gropën e ushqimit të shtrydhëse frutash e perimesh.

d) Vendosni copat e frutave dhe perimeve në shtrydhëse frutash e perimesh. Shtypni shtrydhëse frutash e perimesh derisa lëngu i freskët të fillojë të rrjedhë. Lëngimi i përbërësve do të varet nga lloji i shtrydhëse frutash e perimesh që zotëroni.

66. Limonadë raven

PËRBËRËSIT:
- 4 gota ujë
- ½ filxhan shurup panje
- 1 kile raven (i qëruar nëse është e nevojshme, i copëtuar)
- 3 gota ujë të nxehtë
- Kube akulli
- Dekoroni: feta portokalli ose degë nenexhiku

UDHËZIME:
a) Sillni 4 gota ujë të ziejnë në një tenxhere; hiqeni nga zjarri, hidheni në shurup panje dhe lëreni mënjanë të ftohet.

b) Në një përpunues ushqimi, rrihni raven të copëtuar derisa të bëhet një tul.

c) Në një legen mesatar, derdhni 3 gota ujë të nxehtë mbi tulin e ravenit dhe mbulojeni.

d) Vendosni një sitë mbi ujin e shurupit të panjës në tenxhere. Kullojeni tulin e ravenit në përzierjen e shurupit të panjës me ujë duke përdorur një sitë. Për të kombinuar lëngun e ravenit dhe ujin e shurupit të panjës, përzieni së bashku. Mbushni një shtambë përgjysmë me ujë.

e) Hidheni koktejin në katër gota të gjata të mbushura me kube akulli.

f) Shërbejeni me një fetë portokalli ose një degë nenexhik si garniturë.

67. Limonadë me rrepkë

PËRBËRËSIT:

- 1 filxhan rrepka, të prera dhe të prera
- 4 gota ujë
- ½ filxhan lëng limoni të saposhtrydhur
- ¼ filxhan mjaltë ose ëmbëlsues të zgjedhur
- Kube akulli
- Gjethet e freskëta të nenexhikut për zbukurim

UDHËZIME:

a) Në një blender, kombinoni rrepkat dhe ujin. Përziejini derisa të jetë e qetë.

b) Kullojeni përzierjen përmes një sitë rrjetë të imët në një enë.

c) Shtoni lëngun e limonit dhe mjaltin në tenxhere dhe përzieni derisa të bashkohen mirë.

d) Shërbejeni mbi kube akulli dhe zbukurojeni me gjethe nenexhiku të freskët.

68. Kënaqësi me limonadë me kastravec

PËRBËRËSIT:
- 1 ½ filxhan lëng limoni të shtrydhur fllad, me shtesë për zbukurim
- 1 filxhan kastravec të qëruar dhe me fara, me shtesë për zbukurim
- 1 filxhan sheqer të grimcuar (ose sheqer kokosi)
- 6 gota ujë (të ndara)
- Akull

UDHËZIME:
a) Filloni me lëngun e limonit.
b) Qëroni kastravecin dhe hiqni farat me një lugë. (Nëse jeni duke përdorur një kastravec anglez, mund ta kaloni këtë hap.)
c) Vendosni kastravecin, sheqerin dhe 2 gota ujë të ngrohtë në një blender. Përziejini derisa të arrini një konsistencë të qetë. Kullojeni përzierjen përmes një sitë rrjetë të imët në një enë, duke përdorur një shpatull për të shtyrë lëngun. Hidhni pulpën; kjo mund të marrë disa minuta për të përfunduar.
d) Në shtambën që përmban përzierjen e kastravecit, shtoni 4 gota ujë të ftohtë dhe lëngun e saposhtrydhur të limonit.
e) Shtoni disa grushta akull dhe shërbejeni. Nëse dëshironi, zbukurojeni me feta shtesë kastraveci dhe copa limoni.
f) Shijoni mirësinë freskuese të limonadës me kastravec!

69. Limonadë me lakër mente

PËRBËRËSIT:

- 500 ml ose 2 gota limonadë (ose mund të zëvendësoni lëngun e portokallit)
- 1 kërcell lakra jeshile
- Një grusht i vogël me gjethe nenexhiku
- 6 kube akulli

UDHËZIME:

a) Hiqni kërcellin nga lakra jeshile dhe grijeni në copa. Vendosni të gjithë përbërësit, përfshirë kubat e akullit, në një blender.

b) Përziejini derisa masa të jetë e lëmuar dhe e shkumëzuar, dhe ngjyra të jetë një jeshile uniforme.

c) Hidheni përzierjen freskuese në gota dhe për një prekje shtesë, shtoni një kub akulli dhe një copë gëlqere.

d) Shijoni limonadën tuaj rigjallëruese Minty Kale!

70. Limonadë panxhar

PËRBËRËSIT:

- 2 panxhar të mesëm, të ziera dhe të qëruara
- 1 filxhan lëng limoni të saposhtrydhur (nga afërsisht 6-8 limonë)
- ½ filxhan sheqer i grimcuar (rregullohet sipas shijes)
- 4 gota ujë të ftohtë
- Kube akulli
- Feta limoni dhe gjethe nenexhiku për zbukurim (opsionale)

UDHËZIME:

a) Panxharët mund t'i gatuani duke i zier ose pjekur. Për të zier, vendosini në një tenxhere me ujë, vendosini të vlojnë dhe ziejini për rreth 30-40 minuta derisa të zbuten.
b) Për t'i pjekur, mbështillini ato në letër alumini dhe piqini në furrë në 400°F (200°C) për rreth 45-60 minuta derisa të zbuten.
c) Lëreni panxharin e gatuar të ftohet, më pas qëroni dhe prisni në copa.
d) Vendosni panxharët e gatuar dhe të copëtuar në një blender ose procesor ushqimi.
e) Përziejini derisa të keni një pure të lëmuar panxhari. Mund të shtoni një ose dy lugë ujë nëse është e nevojshme për të ndihmuar në përzierjen.
f) Shtrydhni aq limon sa të merrni 1 filxhan lëng limoni të freskët.
g) Në një tenxhere bashkoni purenë e panxharit, lëngun e limonit të saposhtrydhur dhe sheqerin e grimcuar.
h) I trazojmë derisa sheqeri të tretet plotësisht.
i) Shtoni 4 gota ujë të ftohtë dhe përzieni mirë. Rregulloni sheqerin dhe lëngun e limonit sipas shijes.

j) E vendosim në frigorifer limonadën e panxharit derisa të ftohet mirë.
k) Shërbejeni mbi kube akulli në gota.
l) Sipas dëshirës, çdo gotë zbukurojeni me një fetë limoni dhe një degë me nenexhik të freskët.

71. Limonadë me bizele flutur

PËRBËRËSIT:
- 1½ filxhan ujë
- 1 filxhan sheqer pluhur
- ¼ filxhan lule bizele të thatë flutur
- Limonadë

UDHËZIME:
a) Sillni ujin dhe sheqerin e grirë në një tenxhere të vogël. Ziejeni për 5 minuta.

b) Hiqeni nga zjarri. Shtoni lule të thata bizele flutura blu, më pas vendoseni në frigorifer që të ftohet plotësisht.

c) Shtoni akullin në një gotë dhe derdhni shurupin blu që të mbushet përgjysmë. Hidhni limonadë për të mbushur gotën. Shërbejeni të ftohtë.

72. Limonadë livando

PËRBËRËSIT:

- 2 gota ujë (për krijimin e një shurupi të thjeshtë)
- 1 filxhan sheqer
- 2 lugë gjelle livando të thatë OSE 6 lule të freskëta livando
- 1 filxhan me leng limoni te saposhtrydhur
- 1 gotë ujë të ftohtë
- Akull për servirje

UDHËZIME:

a) Filloni duke përgatitur shurupin e thjeshtë Lavender. Shkurtimisht, bashkoni 2 gota ujë, sheqer dhe livando në një tenxhere dhe ziejini derisa të pakësohen.

b) Në një tenxhere ose ndajeni në mënyrë të barabartë në dy gota, bashkoni lëngun e limonit të saposhtrydhur, ujin e ftohtë dhe akullin.

c) Përzieni shurupin e thjeshtë të livandës. Rregullojeni ëmbëlsinë sipas dëshirës tuaj. Nëse është shumë i thartë, shtoni më shumë shurup të thjeshtë; nëse është shumë e ëmbël, shtoni lëng limoni dhe ujë shtesë.

d) Shërbejeni menjëherë. Mbani në mend se akulli do të shkrihet shpejt dhe mund të hollojë pak aromën e limonadës së livandës, prandaj shijojeni menjëherë!

73. Limonadë me ujë trëndafili

PËRBËRËSIT:

- 1 ½ filxhan lëng limoni të saposhtrydhur
- 1 gotë ujë trëndafili
- 1 filxhan sheqer të bardhë të grimcuar
- 4-6 gota ujë, përshtateni sipas shijes tuaj
- Feta limoni për zbukurim
- Petalet e trëndafilit të ngrënshëm të cilësisë ushqimore për zbukurim
- Opsionale: Akull sipas preferencës tuaj

UDHËZIME:

a) Në një bombol me vrimë ose shtambë të bollshme pijesh, përzieni 1 ½ filxhan lëng limoni të saposhtrydhur, ujë trëndafili (1 filxhan ujë trëndafili i kombinuar me 1 filxhan sheqer të bardhë të grimcuar) dhe 4-6 gota ujë.

b) Përziejini mirë që të kombinohen. Lëreni në frigorifer derisa të jeni gati për ta shërbyer.

c) Nëse dëshironi, zbukurojeni limonadën tuaj me feta limoni dhe petale trëndafili shtesë.

d) Shërbejeni limonadën tuaj me ujë trëndafili me ose pa akull, sipas shijes tuaj. Kënaquni!

74. livando dhe kokosi

PËRBËRËSIT:
LIMONADA
- 1 ½ filxhan lëng limoni të saposhtrydhur
- 1 ¾ filxhan sheqer
- 8 gota me ujë kokosi
- 4 gota ujë

SHURUP I THJESHTË LAVENDË
- 2 gota sheqer
- 1 ½ filxhan ujë
- 3 lugë gjelle livando të thatë
- Disa pika ngjyrosje ushqimore opsionale vjollce

UDHËZIME:
SHURUP I THJESHTË LAVENDË
a) Në një tenxhere të mesme, me fund të rëndë, bashkoni sheqerin, ujin dhe livandën e tharë.

b) Masën e vendosim të vlojë në zjarr të fortë dhe e lemë të ziejë për 1 minutë.

c) Hiqeni tenxheren nga zjarri, mbulojeni dhe lëreni livandën të futet në shurup për 20 minuta.

d) Kullojeni shurupin përmes një sitë rrjetë të imët për të hequr livandën. Nëse dëshironi, shtoni disa pika ngjyrë vjollce për t'i dhënë limonadës një nuancë vjollce.

e) Lëreni mënjanë shurupin e livandës që të ftohet. Pasi të jetë ftohur, transferojeni në një enë hermetike dhe vendoseni në frigorifer deri në një javë.

LIMONADA E LAVANDËS SË KOKOSIT
f) Në një tenxhere, kombinoni lëngun e limonit të shtrydhur fllad, sheqerin, ujin e kokosit dhe ujin.

g) Tundeni ose përzieni fuqishëm derisa i gjithë sheqeri të tretet plotësisht. Preferohet tundja pasi ndihmon në ajrimin e limonadës.

h) Hidhni gjysmën e shurupit të livandës në tenxhere dhe përzieni. Rregulloni sasinë e shurupit të livandës sipas shijes tuaj, duke e shtuar pak a shumë sipas dëshirës.

i) Shijoni limonadën tuaj freskuese të kokosit të mbushur me livando!

75. Limonadë jargavan e freskët e

PËRBËRËSIT:

- 7-10 limonë, plus shtesë për zbukurim dhe feta
- 1 ½ filxhan sheqer të grimcuar
- 8 e gjysmë gota ujë
- Akull
- 2-3 koka lule të freskëta jargavani

UDHËZIME:

a) Pritini limonët në gjysmë dhe shtrydhni ato duke përdorur një shtrydhëse frutash e perimesh. Ju duhet të merrni 1 ½ filxhan lëng limoni.

b) Hiqni farat dhe tulin nga lëngu i limonit duke përdorur një sitë me rrjetë të imët. Ftojeni lëngun.

c) Thithni degëzat tuaja të freskëta të jargavanit në ujë të ftohtë për të paktën 2 orë ose gjatë natës.

d) Krijoni shurupin tuaj duke shtuar 1 gotë ujë në 1 ½ filxhan sheqer në një tenxhere. E ngrohim në zjarr të ngadaltë, duke e përzier vazhdimisht derisa sheqeri të tretet plotësisht. Hiqeni nga zjarri dhe vendoseni në frigorifer.

e) Pritini një limon në medalje dhe shtoni ato në shtambën tuaj.

f) Shtoni lulet tuaja të jargavanit, lëngun e limonit, shurupin dhe 7 gota ujë në shtambë. Përziejini për t'u bashkuar.

76. Limonadë Hibiscus

PËRBËRËSIT:
PËR SHURUPIN E THJESHTË:
- 1 filxhan sheqer të grimcuar
- 2 gota ujë
- ½ filxhan lule të thata hibiscus

PËR LIMONADËN:
- 5 gota ujë të ftohtë
- 2 gota lëng limoni
- 1 limon, i prere holle
- Kube akulli
- Nenexhik i freskët për zbukurim

UDHËZIME:
Bërja e shurupit të thjeshtë:
a) Në një tenxhere të vogël të vendosur mbi nxehtësinë mesatare-të lartë, bashkoni sheqerin, 2 gota ujë dhe lulet e thata të hibiskut.
b) Lëreni përzierjen të ziejë, duke e përzier derisa sheqeri të tretet plotësisht.
c) Hiqeni nga zjarri dhe lëreni të ftohet për 10 deri në 15 minuta.
d) Kullojeni shurupin përmes një sitë me rrjetë të imët, duke shtypur lulet me pjesën e pasme të një luge për të nxjerrë shijen e tyre. Hidhni lulet e përdorura të hibiskut.

PËRGATITJA E LIMONADËS:
e) Në një enë 2-litërshe, kombinoni ujin e ftohtë, lëngun e limonit dhe shurupin e ftohur të hibiscusit. I trazojmë mirë që të përzihen.
f) Shtoni feta limoni në tenxhere.
g) Vendosni disa kuba akulli dhe një fetë limoni në gota të gjata.

h) Mbushni çdo gotë me përzierjen e limonadës së hibiskut.
i) Mbi çdo shërbim me një degë menteje të freskët dhe shërbejeni me një kashtë.

77. Limonadë borziloku

PËRBËRËSIT:

- 1¼ filxhan lëng limoni të shtrydhur fllad, plus feta limoni për zbukurim
- ½ filxhan mjaltë ose shurup agave
- 1 filxhan gjethe borziloku të freskët të paketuara mirë, me shtesë për zbukurim
- 3 gota ujë të ftohtë
- Kube akulli

UDHËZIME:

a) Kombinoni lëngun e limonit, mjaltin (ose agave) dhe borzilokun në një blender. Përziejini derisa përzierja të jetë jashtëzakonisht e lëmuar.

b) Kullojeni përzierjen në një enë ose kavanoz të madh për të hequr çdo lëndë të ngurtë.

c) Shtoni ujë dhe vendoseni në frigorifer derisa të jeni gati për ta shërbyer.

d) Shërbejeni mbi akull, të zbukuruar me feta limoni dhe gjethe të freskëta borziloku. Kënaquni!

78. Limonadë cilantro

PËRBËRËSIT:
- 1 ½ filxhan lëng limoni të freskët
- 1 litër ujë të vluar
- ½ filxhan cilantro, e larë dhe e copëtuar
- 2 jalapenos, me fara dhe të prera
- Mjaltë për shije

UDHËZIME:

a) Për të filluar, derdhni ujë të valë mbi jalapenos dhe cilantro.

b) Lëreni të ftohet për rreth 4 orë.

c) Hidhni në lëng limoni dhe mjaltë për shije.

79. Limonadë e mbushur me borage

PËRBËRËSIT:

- 1/4 filxhan lëng limoni të saposhtrydhur
- 2 lugë sheqer (rregulloni sipas shijes)
- 4 gjethe borage
- 2 gota ujë

UDHËZIME:

a) Vendosni të gjithë përbërësit në një blender.

b) Përziejini për rreth 30 sekonda derisa të kombinohen mirë.

c) Kullojeni përzierjen mbi një sasi të madhe akulli në një gotë të gjatë.

d) Zbukuroni limonadën tuaj me lule borage për një prekje shtesë shije dhe bukurie.

80. Limonadë Verbena me Limon

PËRBËRËSIT:

- 2 ½ kile ananas të freskët, të qëruar, të prerë dhe të copëtuar
- 2 gota lëng limoni të saposhtrydhur
- 1 ½ filxhan sheqer të grimcuar
- 40 gjethe të mëdha limoni verbena
- 4 gota ujë

UDHËZIME:

a) Në një blender të madh, kombinoni ananasin e copëtuar, lëngun e limonit, sheqerin dhe gjethet e limonit.

b) Mbulojeni kapakun dhe pulsoni përzierjen 10 ose 12 herë për të filluar të zbërthehen përbërësit. Më pas, ndizni blenderin derisa masa të bëhet e lëmuar. Mund t'ju duhet të punoni në grupe nëse blenderi juaj nuk është mjaftueshëm i madh.

c) Kullojeni përzierjen e përzier përmes një sitë me rrjetë të imët në një -enë 2 litra ose më të madhe. Përdorni pjesën e pasme të një luge për të shtypur lëndët e ngurta nëpër sitë. Duhet të keni të paktën 4 gota lëngje.

d) Hidhni në ujë dhe përzieni që të bashkohen.

e) Shërbejeni limonadën e limonit me pineapple në gota të mbushura me kube akulli dhe zbukurojeni secilën gotë me degëza verbena limoni për një prekje të shtuar freskie dhe shije. Kënaquni!

81. Limonadë rozmarine

(1 filxhan secila)

PËRBËRËSIT:
- 2 gota ujë
- 2 degë rozmarine të freskëta
- ½ filxhan sheqer
- ½ filxhan mjaltë
- 1-¼ filxhan lëng limoni të freskët
- 6 gota ujë të ftohtë
- Kube akulli
- Feta shtesë limoni dhe degë rozmarine të freskëta (opsionale)

UDHËZIME:
a) Në një tenxhere të vogël, vendosni 2 gota ujë të ziejnë dhe më pas shtoni degëzat e rozmarinës. Ulni zjarrin dhe ziejini të mbuluara për 10 minuta.

b) Hiqni dhe hidhni degëzat e rozmarinës. Përzieni sheqerin dhe mjaltin derisa të treten plotësisht. Transferoni këtë përzierje në një tenxhere dhe vendoseni në frigorifer për 15 minuta.

c) Shtoni lëngun e limonit të freskët dhe përzieni në ujin e ftohtë.

d) Shërbejeni limonadën me rozmarinë mbi akull. Nëse dëshironi, zbukurojeni me feta limoni shtesë dhe degë rozmarine të freskëta për një prekje shtesë shije dhe paraqitje.

e) Shijoni limonadën tuaj freskuese me rozmarinë, një ndryshim i këndshëm i limonadës klasike!

82. Limonadë me bar limoni

PËRBËRËSIT:

- 1 ½ filxhan sheqer
- 8 e gjysmë gota ujë, të ndarë
- 1 tub Pastë përzieni me limon
- 1 filxhan lëng limoni të freskët
- Kube akulli

UDHËZIME:

a) Në një tenxhere, bashkoni 1½ filxhan sheqer dhe 1½ filxhan ujë. Ngroheni përzierjen mbi nxehtësinë mesatare, duke e përzier derisa sheqeri të tretet plotësisht. Kjo krijon një shurup të thjeshtë.

b) Shtoni pastën e trazimit të barit të limonit Gourmet Garden™ në shurupin e thjeshtë dhe përzieni mirë për të mbushur aromën e barit të limonit.

c) Në një enë të veçantë, kombinoni lëngun e freskët të limonit, shurupin e thjeshtë të mbushur me bar limoni dhe 7 gotat e mbetura me ujë. Përziejeni mirë përzierjen.

d) Ftoheni limonadën e barit të limonit në frigorifer për t'u siguruar që të jetë e këndshme dhe e ftohtë.

e) Gjatë servirjes, derdhni limonadën e limonit mbi kube akulli në gota.

f) Shijoni këtë limonadë unike dhe freskuese të barit të limonit me aromën e lezetshme të barit të limonit!

83. Limonadë borziloku Hibiscus

PËRBËRËSIT:
- 2 ons vodka
- 1 ons Lëng limoni të freskët
- 1 ons shurup Hibiscus
- 3-4 gjethe borziloku
- Soda e klubit
- Kube akulli
- Rrota e limonit të dehidratuar dhe gjethet e borzilokut për zbukurim

UDHËZIME:
a) Në një shaker koktej, kombinoni vodkën, lëngun e freskët të limonit, shurupin hibiscus dhe gjethet e borzilokut.

b) Përzieni butësisht gjethet e borzilokut për të lëshuar shijen e tyre.

c) Shtoni kube akulli në shaker dhe tundeni fort derisa masa të ftohet mirë.

d) Kullojeni koktejin në një gotë Collins të mbushur me kube akulli.

e) Plotësoni pijen me sode të gazuar në nivelin e dëshiruar të gazit.

f) Zbukuroni limonadën tuaj të borzilokut Hibiscus me një rrotë limoni të dehidratuar dhe disa gjethe borziloku të freskët.

g) Shijoni këtë koktej të gjallë dhe freskues me kombinimin e lezetshëm të shijeve të hibiskusit, borzilokut dhe limoni!

84. Limonadë myshku deti

PËRBËRËSIT:

- 5 Limonë
- 4 lugë gjelle Xhel myshku deti
- 3 gota ujë
- 1 filxhan shurup i thjeshtë me mjaltë
- 1 filxhan ujë myshk i detit

UDHËZIME:

a) Bëni Xhelin e myshkut të detit
b) Përzieni lëngun e limonit dhe ujin e myshkut të detit
c) Shtoni xhelin e myshkut të detit
d) Shtoni shurupin e thjeshtë të mjaltit
e) Përziejini mirë dhe shijojeni!

85. Spirulina Lemonade

PËRBËRËSIT:

- 4 gota Ujë
- 4 Limonë të mëdhenj, të shtrydhur
- ½ filxhan nektar agave
- 1 lugë çaji E3 Live Blu Spirulina
- 1 majë kripë

UDHËZIME:

a) Lani limonët dhe pritini në gjysmë. Duke përdorur një shtypës agrumesh ose duart tuaja, shtrydhni lëngun e limonit në një tas, duke hequr çdo farë. Ju duhet të merrni rreth 1 filxhan lëng limoni të freskët.

b) Rrihni së bashku nektarin e agave me lëngun e limonit derisa të kombinohen plotësisht.

c) Në një enë të madhe, kombinoni ujin, lëngun e agave/limoni, spirulinën blu dhe pak kripë. Përziejini derisa të kombinohen mirë dhe pluhuri i spirulinës të jetë tretur.

d) Ftojeni ose hidheni mbi akull dhe shijojeni!

86. Limonadë e mbushur me alga deti

PËRBËRËSIT:

- 1 ons lëng limoni
- 3 pika Umami Bitters
- 0,5 ons Seltzer
- 0,5 ons vodka
- 1 filxhan Sheqer
- 1 filxhan uthull
- 1 gotë Ujë

UDHËZIME:

a) Filloni duke bërë shkurret e algave të detit. Në një tenxhere ngrohni sheqerin, ujin, uthullën dhe leshterikët e sheqerit derisa të jenë të nxehtë, por jo të vlojnë. Lëreni të ziejë për 10-15 minuta. Lëreni të ftohet dhe kullojeni në një gotë.

b) Shtoni në gotë shkurret e algave të detit, umami bitters, lëngun e limonit dhe saltzerin.

c) Mbusheni atë me një spërkatje të vodkës tuaj të preferuar.

d) Shtoni akullin, përzieni lehtë dhe zbukurojeni me një rrotë limoni.

e) Shijoni limonadën tuaj freskuese të mbushur me alga deti!

87. Limonadë Chlorella

PËRBËRËSIT:
- ½ lugë çaji Chlorella
- Lëng nga 1 limon organik
- ½ deri në 1 lugë çaji mjaltë të papërpunuar
- Ujë burimi i filtruar ose ujë mineral i gazuar
- Kube akulli
- Copë limoni për zbukurim
- Opsionale: 1 lugë çaji xhenxhefil të sapo grirë

UDHËZIME:
a) Në një gotë, kombinoni Chlorella, lëngun e saposhtrydhur të limonit dhe mjaltin e papërpunuar duke përdorur një kamxhik ose lugë derisa të arrini një përzierje të butë.
b) Shtoni kube akulli dhe copa limoni në gotë.
c) Mbushni gotën me ujin që keni zgjedhur, pavarësisht nëse është ujë i filtruar burimi për një shije më të butë ose ujë mineral me gaz për pak gaz.
d) Nëse dëshironi, shtoni xhenxhefil të sapo grirë për një shtresë shtesë shije dhe përfitime shëndetësore.
e) I trazojmë mirë që të bashkohen të gjithë përbërësit.
f) Pini dhe shijoni këtë limonadë freskuese dhe ultrahidratuese të Chlorella. Është një mënyrë e shkëlqyer për të rritur energjinë dhe ushqimin tuaj duke qëndruar të freskët!

88. Limonadë me çaj jeshil Matcha

PËRBËRËSIT:

- 2 gota ujë të nxehtë
- ½ lugë çaji pluhur çaji jeshil Epic Matcha
- 1 filxhan sheqer kallami të pastër
- ½ filxhan lëng limoni të shtrydhur të freskët
- 1 ½ litër ujë të ftohtë

UDHËZIME:

a) Në një enë të madhe, përzieni pluhurin e çajit jeshil Matcha dhe sheqerin në ujin e nxehtë derisa të treten plotësisht.

b) Pasi Matcha dhe sheqeri të jenë tretur, shtoni lëngun e freskët të limonit (ose gëlqeres) në përzierje.

c) Hidhni 1 ½ litër ujë të ftohtë dhe përzieni mirë që të bashkohen të gjithë përbërësit.

d) Vendoseni enën në frigorifer dhe lëreni limonadën e çajit jeshil Matcha (ose Limeade) të ftohet për të paktën 30 minuta.

e) Kur të jetë ftohur mjaftueshëm, përzieni mirë dhe është gati për t'u shërbyer.

f) Derdhni pijen freskuese në gota me kuba akulli dhe zbukurojeni me feta limoni ose gëlqere nëse dëshironi.

g) Shijoni limonadën ose limeadin tuaj të çajit jeshil Matcha të bërë në shtëpi, një përzierje e lezetshme e agrumeve dhe e mira tokësore e matcha!

89. Limonadë me kafe të ftohtë

PËRBËRËSIT:
PËR LIMONADËN:
- $\frac{1}{2}$ filxhan lëng limoni të freskët (rreth 3-4 limonë)
- $\frac{1}{4}$ filxhan sheqer të grimcuar (rregullohet sipas shijes)
- $\frac{1}{2}$ filxhan ujë të ftohtë

PËR KAFE:
- 1 filxhan kafe të zier, e ftohur në temperaturën e dhomës ose e ftohur
- $\frac{1}{2}$ filxhan qumësht (mund të përdorni qumësht ose jo qumësht sipas dëshirës tuaj)
- 1-2 lugë qumësht i kondensuar i ëmbëlsuar (rregullohet sipas shijes)
- Kube akulli

UDHËZIME:
a) Filloni duke bërë limonadë. Në një enë bashkoni lëngun e freskët të limonit dhe sheqerin e grirë. I trazojmë mirë derisa sheqeri të tretet plotësisht.

b) Shtoni $\frac{1}{2}$ filxhan ujë të ftohtë në përzierjen e limonit dhe përzieni për t'u përzier. Shijoni dhe rregulloni ëmbëlsinë ose thartinë duke shtuar më shumë sheqer ose lëng limoni sipas nevojës.

c) Në një enë të veçantë, përgatisni kafenë tuaj të zier. Ju mund të përdorni një metodë derdhjeje, shtypje franceze ose ndonjë metodë të preferuar për të bërë kafe. Lëreni kafenë të ftohet në temperaturën e dhomës ose vendoseni në frigorifer.

d) Pasi kafeja të jetë gati, shtojeni në një enë të veçantë. Hidhni qumështin e zgjedhjes suaj dhe qumështin e kondensuar të ëmbël sipas shijes. I trazojmë mirë që të bashkohen. Rregulloni ëmbëlsinë sipas dëshirës tuaj duke shtuar më shumë qumësht të kondensuar të ëmbëlsuar nëse dëshironi.

e) Mbushni dy gota me kuba akulli.

f) Përzierjen e përgatitur të kafesë e derdhni mbi kubat e akullit, duke mbushur secilën gotë rreth gjysmë.

g) Më pas, hidhni limonadën e bërë në shtëpi mbi përzierjen e kafesë në secilën gotë, duke mbushur pjesën tjetër të gotës.

h) Përziejini butësisht për të kombinuar shijet.

i) Nëse dëshironi, zbukurojeni me feta limoni ose një degë nenexhik.

j) Shërbejeni menjëherë limonadën tuaj freskuese të kafesë së ftohtë dhe shijoni përzierjen e lezetshme të shijeve të kafesë dhe limonadës.

k) Opsionale: Mund të shtoni gjithashtu një spërkatje shurupi të aromatizuar, si vanilje ose karamel, për një shtresë shtesë ëmbëlsie dhe shije.

l) Eksperimentoni me raportin e limonadës me kafenë për t'iu përshtatur preferencave tuaja të shijes. Kënaquni!

90. Limonadë Earl Grey

PËRBËRËSIT:
- 4 qese çaji Earl Grey
- 1 filxhan (236 ml) lëng limoni të freskët
- 3 lugë mjaltë (ose sipas shijes)
- Kube akulli
- Feta limoni dhe portokalli për zbukurim
- Gjethet e freskëta të nenexhikut për zbukurim

UDHËZIME:
a) Filloni duke shtuar qeset e çajit Earl Grey në një enë ose shtambë rezistente ndaj nxehtësisë.
b) Hidhni 4 gota ujë të vluar mbi qeskat e çajit dhe lërini të ziejnë për 4-5 minuta. Më pas, hiqni qeskat e çajit.
c) Përzieni mjaltin ndërsa çaji është ende i nxehtë për ta lejuar atë të shkrihet dhe të përzihet me lëngun. Lëreni përzierjen të ftohet në temperaturën e dhomës.
d) Pasi çaji të jetë ftohur, përzieni lëngun e freskët të limonit. Shijoni përzierjen dhe rregulloni ëmbëlsinë duke shtuar më shumë mjaltë nëse dëshironi.
e) Mbushni gotat me kube akulli.
f) Hidhni limonadën Earl Grey mbi akullin në secilën gotë.
g) Zbukuroni pijen tuaj freskuese me feta limoni dhe portokalli dhe shtoni disa gjethe të freskëta nenexhiku për një shije dhe aromë shtesë.
h) Shërbejeni limonadën tuaj Earl Grey në një ditë të nxehtë vere për të shijuar përzierjen e lezetshme të çajit të mbushur me bergamot dhe limonadës së shijshme.
i) Uluni, relaksohuni dhe shijoni shijet e tortës, të shijshme dhe të shijshme të kësaj pije freskuese.

91. Limonadë me çaj të zi pjeshke

PËRBËRËSIT:

- 1 pjeshkë e pjekur e mesme, e hequr lëkura
- ½ limon
- 2 filxhanë çaj të zi (ose çaj jeshil nëse preferohet)
- 2 lugë shurup të thjeshtë (udhëzimet e mësipërme)
- 1 filxhan kube akulli

UDHËZIME:

a) Filloni duke shtrydhur lëngun e gjysmës së një limoni dhe lëreni mënjanë.

b) Pritini pjeshkën e pjekur në copa dhe vendosini në një blender.

c) Shtoni në blender lëngun e rezervuar të limonit, çajin e zi (ose çajin jeshil nëse dëshironi) dhe shurupin e thjeshtë. Rregulloni sasinë e shurupit të thjeshtë sipas preferencave tuaja të shijes; shtoni më shumë nëse preferoni një pije më të ëmbël.

d) Përziejini të gjithë përbërësit derisa të arrini një përzierje të lëmuar dhe të përzier mirë.

e) Kullojeni përzierjen e përzier në një enë ose enë me shumë kube akulli ose akull të grimcuar.

f) Shërbejeni menjëherë limonadën tuaj të çajit të zi me pjeshkë të bërë në shtëpi për një pije verore freskuese dhe të ëmbël.

92. Limonadë me mjedër Chai

PËRBËRËSIT:
- $\frac{3}{4}$ filxhan akull
- 1 ons koncentrat limonadë, 7+1, i shkrirë
- 1 ons shurup mjedër
- 2 ons origjinale Chai Tea Latte
- 6 ons sode limon-lime
- 2 mjedra të kuqe të freskëta
- 1 fetë Limon, të prerë dhe të prerë në feta

UDHËZIME:
a) Lani duart dhe të gjitha produktet e freskëta dhe të paketuara nën ujë të rrjedhshëm. Kullojini mirë.
b) Vendosni akullin në një gotë pije 16 ons.
c) Hidhni koncentratin e limonadës, shurupin e mjedrës, koncentratin e çajit chai dhe sodën me limon-limon mbi akull dhe përzieni tërësisht me një lugë me dorezë të gjatë.
d) Rrjedhni mjedrat ose zgjidhni ato.
e) Pritini në gjysmë të rrugës limonin e prerë.
f) Në buzë të gotës vendosni hellin e prerë në feta të limonit dhe mjedrës.
g) Shijoni limonadën tuaj me mjedër Chai!

93. Limonadë Kombucha

PËRBËRËSIT:
- $1\frac{1}{4}$ filxhan lëng limoni të saposhtrydhur
- 15 filxhanë çaj jeshil ose kombucha oolong

UDHËZIME:
a) Hidhni 2 lugë lëng limoni në çdo shishe 16 ons.
b) Duke përdorur një hinkë, mbushni shishet me kombucha, duke lënë rreth 1 inç hapësirë koke në çdo fyell të ngushtë.
c) Mbyllni fort shishet.
d) Vendosini shishet në një vend të ngrohtë, rreth 72°F, që të fermentohen për 48 orë.
e) Lëreni 1 shishe në frigorifer për 6 orë, derisa të ftohet plotësisht.
f) Hapni shishen dhe shijoni kombuchën. Nëse është me flluska për kënaqësinë tuaj, vendosni të gjitha shishet në frigorifer për të ndaluar fermentimin.
g) Pasi të keni arritur shkumëzimin dhe ëmbëlsinë e dëshiruar, vendosini të gjitha shishet në frigorifer për të ndaluar fermentimin.
h) Kullojeni përpara se ta shërbeni për të hequr dhe hidhni fijet e majave ende të pranishme.

94. Limonadë me mollë me erëza

PËRBËRËSIT:
- 3 limonë
- Copë 1 inç xhenxhefil
- 1 grusht gjethe menteje të freskëta
- ½ fasule vanilje
- 2 bishtaja kardamom
- 1 shkop kanelle
- 2 manaferra me aromë
- 2 bishtaja anise yje
- ½ filxhan sheqer
- 2½ gota lëng molle të pafiltruar

UDHËZIME:
a) Shtrydhni lëngun nga limonët.
b) Qëroni xhenxhefilin dhe e prisni hollë.
c) Hiqni gjethet nga nenexhiku.
d) Prisni kokrrën e vaniljes për së gjati dhe shtypni kokrrat e kardamonit.
e) Në një tenxhere, kombinoni xhenxhefilin, lëngun e limonit, gjethet e nenexhikut, kardamonin e grimcuar, shkopin e kanellës, manaferrat e erëzave, bishtajat e anise yjeve, sheqerin dhe 200 ml (afërsisht 7 ons) ujë. Ngroheni përzierjen, por bëni kujdes që të mos ziejë.
f) Lëreni përzierjen të injektohet për 15 minuta në mënyrë që shijet të bashkohen.
g) Kaloni përzierjen e injektuar përmes një sitë të imët për të hequr përbërësit e fortë. Lëreni lëngun të ftohet.
h) Pasi lëngu të jetë ftohur, përzieni lëngun e mollës të ftohur të pafiltruar dhe përzieni mirë që të bashkohet.
i) Hidhni limonadën me mollë me erëza në gota dhe shërbejeni.

95.Limonadë me shafran të Indisë

PËRBËRËSIT:
- 1 rrënjë shafran i Indisë të qëruar dhe të grirë
- Lëng nga 2 limona
- 4 gota me ujë
- 1 lugë gjelle ose për shije mjaltë/shurup panje
- 1 lugë gjelle gjethe menteje të grira

UDHËZIME:
a) Qëroni dhe grijeni rrënjën e shafranit të Indisë.
b) Shtoni 1 gotë ujë në një tenxhere të vogël.
c) Shtoni shafranin e Indisë të grirë, vendoseni të ziejë në zjarr mesatar dhe më pas fikeni zjarrin.
d) Kullojeni për të marrë një lëng të pastër dhe lëreni mënjanë të ftohet.
e) Në një tenxhere, kombinoni lëngun e limonit, mjaltin dhe ujin e shafranit të Indisë.
f) Përziejini për t'u përzier, shijoni dhe shtoni më shumë mjaltë ose lëng limoni nëse kërkohet.
g) Shtoni gjethet e grira të nenexhikut dhe kube akulli dhe përziejini edhe një herë mirë.
h) Shërbejeni limonadën me shafran të Indisë të ftohur.

96. Limonadë Masala

PËRBËRËSIT:
- 3 limonë, të lëngshëm
- 1 filxhan Sheqer
- 4 gota Ujë
- ½ inç Xhenxhefil, i grimcuar
- 1 lugë çaji pluhur qimnoni
- ¼ lugë çaji piper i zi pluhur
- 1 lugë çaji kripë e zezë
- Një grusht gjethe nenexhiku
- 1 majë sodë gatimi (opsionale)

UDHËZIME:
a) Në një tas, shtrydhni lëngun nga limonët.
b) Lëngut të limonit, shtoni sheqerin, xhenxhefilin e grimcuar dhe gjethet e freskëta të nenexhikut. Shtoni 1 gotë ujë.
c) Përziejini gjithçka mirë derisa sheqeri të tretet plotësisht.
d) Filtroni lëngun për të hequr çdo pulpë ose grimca të ngurta.
e) Në lëngun e filtruar shtoni piper të zi pluhur, qimnon pluhur dhe kripë të zezë. Përziejini gjithçka tërësisht.
f) Shtoni kube akulli në përzierje për ta ftohur atë.
g) Nëse preferoni një limonadë të gazuar, mund të shtoni sipas dëshirës një majë sode gatimi.
h) Shërbejeni këtë limonadë Masala freskuese dhe me shije në gota gjatë çajit ose me ushqime të pasdites. Shijoni përzierjen e lezetshme të erëzave dhe limonit!

97. Limonadë me erëza Chai

PËRBËRËSIT:

- 2 ½ gota ujë
- ¼ filxhan shurup panje (ose mjaltë, ose shurup agave)
- 1 lugë gjelle rrënjë xhenxhefili të freskët të copëtuar
- 3 bishtaja kardamom jeshile, të plasaritura
- 4 karafil të tërë
- 1 shkop i vogël kanelle
- ½ filxhan lëng limoni të saposhtrydhur

UDHËZIME:

a) Në një tenxhere mesatare mbi nxehtësinë mesatare, vendoseni ujin të vlojë. Lëreni të ziejë për 2 minuta pa mbuluar.

b) Shtoni shurupin e panjës, xhenxhefilin e copëtuar, bishtajat e kardamonit të plasaritur, karafilin dhe shkopin e kanellës në ujin e vluar. E trazojmë mirë dhe e vendosim masën të ziejë. Përziejini herë pas here.

c) Hiqeni tenxheren nga zjarri dhe mbulojeni me kapak. Lëreni përzierjen të pushojë për 20 minuta në mënyrë që erëzat të mbushen.

d) Kullojeni lëngun e injektuar përmes disa shtresave me napë ose një sitë me rrjetë të imët në një kavanoz ose enë të madhe konservimi për të hequr erëzat.

e) Lëngun e kulluar e vendosim në frigorifer derisa të ftohet plotësisht.

f) Përzieni lëngun e freskët të limonit të shtrydhur.

g) Shërbejeni limonadën me erëza Chai mbi akull. Për një prekje shtesë freskuese, mund të shtoni një spërkatje me ujë të gazuar ose pije alkoolike, nëse dëshironi.

h) Çdo limonadë e mbetur mund të ruhet në frigorifer deri në 3 ditë ose të ngrihet për ruajtje më të gjatë. Shijoni këtë përzierje unike dhe aromatike të limonadës!

98. Limonadë me salcë të nxehtë

PËRBËRËSIT:

- 1-litër sode klubi
- 2 gota rum të bardhë
- Kanaçe 6 ons me koncentrat limonadë të ngrirë
- ¼ filxhan lëng limoni të freskët
- 1 lugë çaji salcë e nxehtë
- Akull i grimcuar sipas deshires

UDHËZIME:

a) Në një tenxhere, përzieni butësisht sodën, rumin e bardhë, koncentratin e limonadës së ngrirë, lëngun e freskët të limonit dhe salcën e nxehtë.

b) Hedhim përzierjen pikante të limonadës në gota të mbushura me akull të grimcuar.

c) Shërbejeni këtë limonadë pikante freskuese dhe të shijshme në takimin tuaj të ardhshëm të miqve dhe familjes për një pije të këndshme dhe të paharrueshme.

d) Shijojeni me përgjegjësi!

99. Limonadë me erëza indiane

PËRBËRËSIT:
PËR SHURUP TË THJESHTË:
- 1 filxhan sheqer
- 1 gotë ujë
- Një shtrydhje me lëng limoni (për të parandaluar kristalizimin)

PËR LIMONATË:
- Shurup i thjeshtë (për shije)
- 1 filxhan lëng limoni ose gëlqereje të saposhtrydhur
- 4 gota ujë të ftohtë
- Farat e qimnonit të thekura dhe të grimcuara (opsionale)
- Thikat e kripës së detit (opsionale, për mbylljen e xhamit)

Garniturat:
- Gjethet e freskëta të nenexhikut (opsionale)
- Gjethet e freskëta të limonit verbena (opsionale)
- Gjethet e freskëta të borzilokut (opsionale)

UDHËZIME:
Bërja e shurupit të thjeshtë:
a) Në një tenxhere mbi nxehtësinë mesatare-të ulët, bashkoni 1 filxhan sheqer dhe 1 filxhan ujë.

b) Shtoni një shtrydhje me lëng limoni në përzierje për të parandaluar kristalizimin.

c) Përzieni përzierjen dhe lëreni të gatuhet derisa sheqeri të tretet plotësisht.

d) Hiqeni tenxheren nga zjarri dhe lëreni shurupin e thjeshtë të ftohet.

Bërja e limonadës:

e) Në një tenxhere, kombinoni 1 filxhan lëng limoni ose gëlqereje të freskët të shtrydhur me 4 gota ujë të ftohtë.

f) Përzieni shurupin e thjeshtë për shije. Rregulloni ëmbëlsinë sipas preferencës tuaj duke shtuar pak a shumë shurup të thjeshtë.

SHËRBIMI:

g) Nëse dëshironi, mund ta mbyllni gotën me kripë deti për një shije shtesë.

h) Vendosni një copë limon ose limon rreth buzës së gotës për ta lagur atë.

i) Zhyteni buzën e lagur në një pjatë me kripë deti për të mbyllur gotën.

j) Mbushni gotën me kube akulli.

k) Përzierjen e limonadës e hidhni mbi kubat e akullit në gotë.

l) Zbukuroni limonadën tuaj me erëza indiane me gjethe nenexhiku të freskët, gjethe limoni verbena ose gjethe borziloku, nëse dëshironi.

100. Pika limoni livando

PËRBËRËSIT:
- 2 ons Vodka e mbushur me livando
- 1 ons Triple Sec
- ½ ons lëng limoni të freskët
- Degëz livando për zbukurim

VODKA ME LAVANDË:
- ¼ filxhan sytha të tharë të livandës së kuzhinës
- 1 filxhan vodka

UDHËZIME:
VODKA ME LAVANDË
a) Në një kavanoz qelqi të pastër, kombinoni sythat e tharë të livandës së kuzhinës dhe vodkën.

b) Mbyllni kavanozin dhe lëreni në një vend të freskët dhe të errët për rreth 24-48 orë për t'u injektuar. Shijoni herë pas here për t'u siguruar që të arrijë nivelin e dëshiruar të shijes së livandës.

c) Pasi të jetë futur sipas dëshirës tuaj, kullojeni vodkën përmes një sitë rrjetë të imët ose napë për të hequr sythat e livandës. Transferoni vodkën e mbushur me livando përsëri në një shishe ose kavanoz të pastër.

PËR PIKËN E LIMONIT LAVENDË:
d) Mbushni një shaker koktej me akull.

e) Shtoni 2 ons vodka të mbushur me livando, 1 ons Triple Sec dhe ½ ons lëng limoni të freskët në shaker.

f) Tundeni fuqishëm derisa të ftohet mirë.

g) Kullojeni përzierjen në një gotë martini të ftohtë.

h) Zbukuroni pikën tuaj të limonit të livandës me një degë livando të freskët.

i) Shijoni koktejin tuaj Lavender Lemon Drop me notat e tij të lezetshme lulesh dhe agrume!

PËRFUNDIM

Ndërsa e mbyllim udhëtimin tonë përmes "Shoqëruesit e kuzhinës së adhuruesve të limonit", shpresojmë që të keni shijuar botën e freskët dhe aromatike të kënaqësive të mbushura me limon. Limonët kanë aftësinë unike për të ndriçuar dhe përmirësuar pjatat në mënyra të panumërta, dhe tani ju jeni bërë një maestro i shfrytëzimit të magjisë së tyre të kuzhinës.

Ne ju inkurajojmë të vazhdoni eksplorimin tuaj të krijimeve të frymëzuara nga limoni, duke eksperimentuar me receta të reja dhe duke ndarë pjatat tuaja të shijshme me familjen dhe miqtë. Çdo pjatë që përgatitni është një dëshmi e gëzimit të gatimit me limon dhe shijeve të gjalla që ato sjellin në tryezë.

Faleminderit që jeni pjesë e kësaj aventure të kuzhinës me agrume. Le të vazhdojnë njohuritë dhe aftësitë që keni fituar të ndriçojnë rrugën tuaj të kuzhinës dhe vaktet tuaja qofshin gjithmonë të mbushura me disponimin me diell të limonit. Gëzuar gatim!